活躍できる仕事が見つかる!

今からでも遅くない!

70歳からのハローワーク

監修
シニアライフキャリアコンサルタント
金澤美冬

PHP

監修にあたって

70歳からのハッピーライフのために

金澤《かなざわ》美《み》冬《ふゆ》

「70歳」という年齢に近づかれた方々は、私にとってはもちろん人生の大先輩であり、「何十年もの間、ご家族のため、社会のためにがんばっていただき、本当にありがとうございました。お疲れ様でした」という気持ちでいっぱいです。

多くの方が子育てを終えられ、おそらくはご両親のお世話も終えられ、会社員だった方はお勤めも終えられて、人生の新しいステージに入られたところではないかとお察しします。

平均寿命も延び、「人生100年時代」という言葉が当たり前に使われるようになった今、これからが本当の「自由時間」の始まりと言えるのではないでしょうか。

小さく働いて幸せな人生を

ところが、この「自由時間」が長くなったことによって、これまでに私たちが経験したことのない2つの問題が起きています。

ひとつは、この先まだまだ続く人生を楽しく過ごすためには、あと少しだけお金が必要だということ。もうひとつは、幸せな自由時間を少しでも長くするために、できるだけ健康寿命を延ばしていく必要があるということです。

この両方を一度に解決してくれるのが、「無理のない範囲で小さく働く」という生き方です。

働くことで、たとえ少しずつでもお金が入るようになります。これにより、人生の楽しみを極力減らさずに過ごせることでしょう。

働くということは、頭を働かせ、手を使い、歩き、人と接し、話し、何らかの価値を生み出し続けるということです。

これにより、脳に新しい刺激が与えられ、運動不足が解消され、社会の役に立ったという実感も加わって、心がどんどん豊かになることでしょう。

気軽に楽しみながら新しい仕事を見つける

本書は、「人生の先輩」であるみなさんが、今後もいっそう楽しく健康に過ごしていっていただくための、〝ちょっとしたヒント〟になればという思いでまとめたものです。

ＰＡＲＴ1では、まず「70歳からのお金」の問題についてお話ししています。

ＰＡＲＴ2では、「70歳から働く」というのはどういうことかについて説明しています。

そしてＰＡＲＴ3では、70歳前後からでもチャレンジできる仕事の例をいろいろと紹介しています。少し変わり種の職種もありますが、参考にしてみてください。

最後のＰＡＲＴ4では、今からでも役に立つ「おすすめ資格」とその仕事内容を、いくつか紹介しています。

とにかく恥ずかしがらず、がんばりすぎず、する必要のない我慢もせず、余分なストレスも溜めないようにしながら、「仕事選び」を楽しんでみてください。

そして、「これ、ちょっとやってみたいな」と思われたら、求人広告を探したり、必要な準備を進めたりしてください。

その瞬間、みなさんは未来に向けて扉を開き、新たな一歩を踏み出されたことになります。

本書がその一歩を踏み出すために少しでもお役に立つことができればうれしく思います。

今からでも遅くない！ 70歳からのハローワーク　もくじ

監修にあたって　70歳からのハッピーライフのために　2

PART 1 70歳からのお金の話

これからの人生を楽しく軽やかに生きるため
「お金にまつわる不安」を解消しましょう ……… 8

お金を増やすのではなく
「減らさない」という発想を持ちましょう ……… 10

70歳以降で一生の半分の医療費が必要
生活費とは別枠で蓄えておきましょう ……… 12

治療にかかるお金をできるだけ軽減
「支出」を低く抑えましょう ……… 14

家計の見直しチェックリスト
ムダを省いて支出をスリム化しましょう ……… 16

働くのは「お金」のため？
健康を維持し、孤独も解消できます ……… 18

「もらえるお金」はこんなにある！
しっかり活用してQOL（生活の質）を改善 ……… 20

マイホームを売れば「老後資金」が増える！
いろいろな方法を柔軟に検討しましょう ……… 22

「老後資金」を上手に増やすことも考えて
リスクの低い「個人向け国債」がおすすめ ……… 24

70歳からのハローワーク　知っトク情報①　キャッシュレス決済の基礎知識　26

PART 2 70歳から働くということ

働くことで「自分をアップグレード」
頭と体を使うので健康寿命も延びます！……28
「プロティアン」という生き方
自分を「軸」に「心の満足度」を高めましょう……30
「人生の棚卸し」をすると
「自分の軸」が浮かび上がってきます……32
現役世代よりも楽しく働ける70代
「小さな仕事」で輝くシニアがたくさん！……34
楽しい仕事を見つけましょう
「合わない仕事」は無理しなくていい?!……36
「シルバー人材センター」を活用しましょう
やりがいを抱きつつ地域にも貢献……38
「ファミリー・サポート・センター」の利用
「子どものお世話」や「送り迎え」で活躍……40
仕事は複数の方法で探しましょう
恥ずかしがらず、気楽に、気長に！……42
「面接」をクリアするためのポイント
笑顔で、はきはきと、簡潔に……44
「アナログの情報発信」が大切
友人・知人から「いい話」が舞い込むことも……46
「教養」を身につけましょう
学ぶことを通して自分に自信を……48

70歳からのハローワーク　知っトク情報②　「ボランティア」という道もある　50

PART 3

70歳からのハローワーク

無理なく続けられる「小さな仕事」カタログ

ファストフード店員…52　コンビニ店員…52　清掃スタッフ…53　マンション管理人…53　工場での軽作業…54
物流センターでの軽作業…54　一般事務…55　発掘作業員…55　ベビーシッター…56　保育補助員…56
シニアサポート…58　障害者グループホームの世話人…58　高齢者の安否確認…59　リスニングスタッフ…59
調理補助…60　家事代行…60　学生寮・社員寮の管理…61　駐車監視員…61　デパート広告などの監視員…62

クレーム代行…62　ライブ配信監視…64　インターネット発送代行…64　地域の観光ガイド…65
ペットシッター…65　放置自転車管理…66　自動販売機設置場所探し…66　ライター…67　小論文の添削…67
翻訳業…68　模擬試験・通信講座等の採点…68　セミナー講師…70　テレフォンアポインター…70
エキストラ…71　ジグソーパズル制作代行…71　墓参り代行…72　冠婚葬祭の参列代行…72　カフェ経営…73
シェアハウス経営…73　ハンドメイド作品の販売…74　スナック営業…74　ユーチューバー…76
アフィリエイター…76　農業のアルバイト…77　野菜や果物を育てて販売…77　料理研究家…78　花屋の店員…78
70歳からのハローワーク　いきいき掲示板……57・63・69・75

PART 4　70歳からの資格取得

今からでも遅くない「おすすめ資格」と職業ガイド

資格 介護職員初任者研修　職業 ホームヘルパー……80
資格 ファイナンシャル・プランニング技能士　職業 ファイナンシャルプランナー（FP）……81
資格 調理師免許　職業① 給食センターの調理師　職業② 介護福祉施設のスタッフ……82
資格 古物商許可証　職業① 古着販売　職業② 古書販売……83
資格 野菜ソムリエ　職業① 料理教室の先生　職業② 飲食店の調理スタッフ……84
資格 食生活アドバイザー®　職業① 食育指導員　職業② スーパーマーケットのスタッフなど……85
資格 クリンネスト®　職業① ハウスクリーニング　職業② クリンネスト2級認定講師……86
資格 ねこ検定　職業① 猫カフェのスタッフ　職業② ペットショップのスタッフ……87

PART 1

70歳からのお金の話

これからの人生を楽しく軽やかに生きるため「お金にまつわる不安」を解消しましょう

「70歳」はまだまだ若い
長い人生を乗り切る方法を考えましょう

「老後」とは、いったい何歳以降のことを指すのでしょうか？　一般的には「65歳以降」あるいは「70歳以降」くらいをイメージしている方が多いようです。しかし、「人生１００年時代」を迎えた今、70歳はまだまだ「若い」と考えていいと思っています。実際、昭和の70歳と令和の70歳とを比較すれば、大多数の人が、精神的にも肉体的にも驚くほど若い状態を保っておられます。

企業の定年が延びる、あるいは廃止される傾向が強まっているとはいえ、やはり多くの人が、60歳から70歳くらいまでに、それまでの職場を離れることになります。つまり「まだ若い」にもかかわらず、収入が大幅に減るときが来るということです。もちろん年金の受給年齢に達するため、ある程度の収入は見込めますが、それが支出を下回っている場合、預貯金を取り崩さなければならなくなります。

専業主婦、あるいはパートなどをしながら過ごしてきた女性の中には、配偶者が退職して収入が減った状態で、その後どう暮らしていけばいいのか、「漠然とした不安」を抱えている方も多いでしょう。なぜなら、仮に90歳まで生きるとしたら、最低でも90歳までの「生活費」を確保しなければならないからです。本書では、そのための具体的な方法や考え方を紹介していきます。

「老後資金」の目安

年金の平均受給額

21万7726円
夫＝16万3380円
妻＝5万4346円

「令和3年度厚生年金保険・国民年金事業の概要」（厚生労働省）

－

家計の平均支出額

26万8508円
65歳以上の夫婦のみの無職世帯の家計支出（非消費支出を含む）

「令和4年家計調査年報」（厚生労働省）

＝

毎月の赤字

5万782円

毎年の赤字額

5万782円 ×12カ月

×

「老後」の期間（65〜90歳）

25年

＝

必要な「老後」資金

1523万4600円

！

あくまでも目安ですが、夫婦で受け取る年金がひと月約22万円で、ひと月の支出が約27万円だった場合、毎月約５万円足りなくなる計算です。「意外と大したことないな。それくらいなんとかなるだろう……」と思われた方も多いのではないでしょうか?!

お金を増やすのではなく「減らさない」という発想を持ちましょう

収入と支出のバランスが取れれば預貯金を維持したまま生活できます

9ページで、老後は「毎月約5万円の赤字」が出るかもしれないことを示しました。ということは、**65歳の時点で預貯金が１５００万円程度あれば、夫婦で90歳まで生活することが可能**だとわかります。

しかし、人生にはいろいろと想定外の出来事が起こり、そのたびにいくばくかのお金が必要となります。「後期高齢者」になれば、病気になるリスクが上がり、治療の内容によっては大きな出費が発生するかもしれません。そのため、**たとえ１５００万円以上の預貯金があったとしても、「絶対に大丈夫」とは言い切れません。**

１５００万円の預貯金がつくれていない家庭も少なくないでしょう。その場合、いつの日か預貯金が底をついて、最悪の場合「老後破産」という事態に陥る危険性もあります。家族や周囲に迷惑をかけないためにも、それは避けたいところです。

老後の家計を成り立たせる方法は2つあります。ひとつは**「収入を増やすこと」**、もうひとつは**「支出を減らすこと」**です。どちらか一方で成り立つ場合もありますが、どうせなら両方やって、少しでも余裕をつくっていきましょう。支出と収入（年金その他）が「トントン」になれば、預貯金は減りません。5万円の赤字を2万円に減らすだけでも、預貯金の減り方はゆるやかになります。要は**「お金を減らさないことが大事」**なのです。

「老後」にいくらかかる?!

1年間の赤字額

[計算式]

毎月の赤字額×12カ月＋1年分の特別支出

→ Ⓐ　　万円

90歳までの年数

[計算式]

90歳－現在の年齢＊　＊夫婦の場合、若いほうの年齢

→ Ⓑ　　年

あなたがこれから必要になるお金

Ⓐ　　万円 × Ⓑ　　年 ＝ 　　万円

！

空欄に現在の「１年間の赤字額」「90歳までの年数」「あなたがこれから必要になるお金」を書き込み、現時点の状況を把握しておきましょう。「数字」で把握できれば、何をどれだけやればいいのかが具体的に見えてきます。

70歳以降で一生の半分の医療費が必要 生活費とは別枠で蓄えておきましょう

元気がいちばん！
健康増進と医療費の確保を忘れずに

　一生の間に、一人当たりどれくらいの医療費がかかるのか、ご存じでしょうか？　厚生労働省のデータによると、平均で約２８００万円に達するとのことです。国民皆保険制度が確立している日本では、実際にはそのうち１～３割程度を負担しているわけですが、仮に２割として、単純計算で約５６０万円必要となります。

　しかも、そのうち半分の**約１４００万円が70歳以降**となっています。70歳までにかかった医療費とほぼ同額の医療費が、70歳から１００歳までの30年間に必要となるのです。仮に２割負担として約２８０万円かかることになります。

　9・10ページで、65歳から90歳までの25年間、毎月の赤字約5万円を埋めるためには約１５００万円の貯えが必要という例を紹介しましたが、これには医療費が含まれていませんから、**２００万～３００万円程度を別に用意しておかなければならない**ことになります。健康を維持し、命を守るためのお金ですから、欠かすことはできません。

　次ページの「病気の種類ごとの平均入院費用」をご覧ください。基本的にはこれらの１～３割を負担するわけですが、病気によっては健康保険の対象外の高額な治療を行なわなければならない可能性もあります。その場合、次節で紹介する「高額療養費制度」が適用されないので、注意が必要です。

生涯にかかる医療費の目安

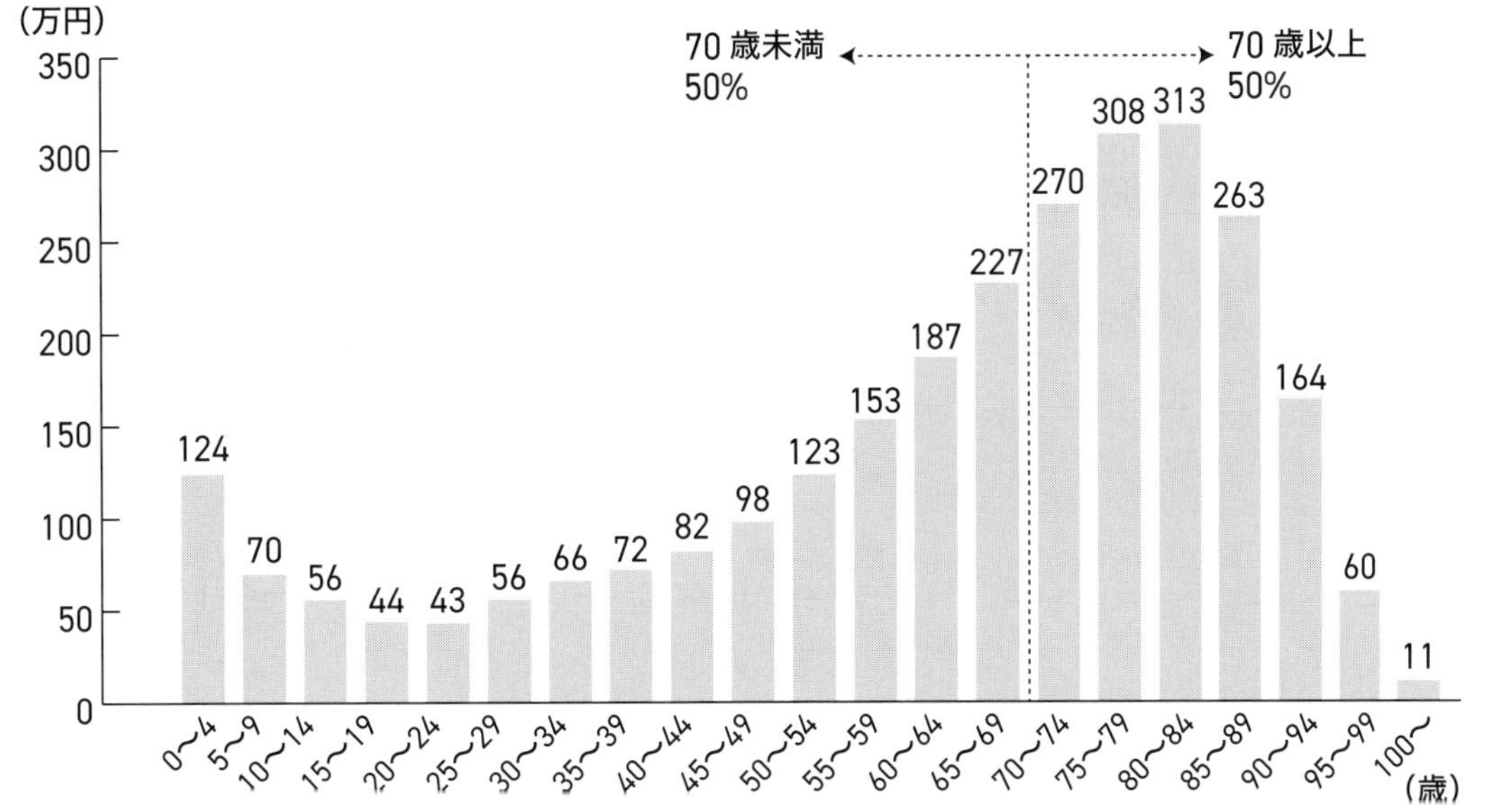

厚生労働省「医療保険に関する基礎資料」2019年

一生にかかる医療費は一人当たり約2800万円。70歳以降に、その約半分が必要になります。

病気の種類ごとの平均入院費用（全額）

病　名	1回の入院費	病　名	1回の入院費
胃がん	94万4056円	虫垂炎	58万2419円
直腸がん	107万4287円	胆石症	75万6620円
肺がん	86万261円	前立腺肥大症	56万3990円
心筋梗塞	173万618円	白内障	25万963円
肺炎	98万1337円	子宮筋腫	76万1429円
脳梗塞	176万6976円	乳がん	78万1009円
脳出血	257万2961円	ひざ関節症	207万7574円
糖尿病	71万8332円	狭心症	64万148円

公益社団法人全日本病院協会「診療アウトカム評価事業」2021年度医療費（重症度別）年間集計
（掲載の医療費は10割負担の額で実際の負担費とは異なります）

治療にかかるお金をできるだけ軽減「支出」を低く抑えましょう

医療費を抑える制度は複数あります すべて利用して最少額に

医療費を軽減する方法はいくつかありますので、それらを最大限に活用しましょう。

まずは**「高額療養費制度」**について。これは、医療機関や薬局の窓口でひと月の間に支払った額が上限を超えた際、その超えた金額が支給される制度のことです。上限額は年収によって区分があります。仮に医療費が１００万円かかり、その人が70歳以上で年収約３７０万～７７０万円の場合、3割負担で30万円の支払いとなります。このうち自己負担の上限額は８万１００円＋

70歳以上の高額療養費制度の自己負担額

所得区分	年収区分	外来（個人ごと）	外来＋入院（世帯ごと）
現役並みの所得	年収約1160万円以上 （課税所得690万円以上）	25万2600円＋（医療費－84万2000円）×1％ ［4回目以降14万100円］	
	年収約770万～1160万円 （課税所得380万円以上）	16万7400円＋（医療費－55万8000円）×1％ ［4回目以降9万3000円］	
	年収約370万～770万円 （課税所得145万円以上）	8万100円＋（医療費－26万7000円）×1％ ［4回目以降4万4400円］	
一般	年収370万円以下 （課税所得145万円未満）	1万8000円 （年間上限14万4000円）	5万7600円 ［4回目以降4万4400円］
住民税非課税世帯	住民税非課税世帯Ⅱ （適用区分Ⅱ）	8000円	2万4600円
	住民税非課税世帯Ⅰ （適用区分Ⅰ）＊		1万5000円

＊年金収入80万円以下など

セルフメディケーション税制が使えるケースと注意点

- 「健康診断」「予防接種」「がん検診」等を受けた人が、対象となる医薬品を1年間に1万2000円以上購入した場合、セルフメディケーション税制が使えます。
- ただし、通常の医療費控除とセルフメディケーション税制との併用はできません。
- 対象となる医薬品の購入費を、通常の医療費控除の金額に加えることは可能です。

（100万円−26万7000円）×1%で、8万7430円と算出されます。30万円からこれを引いた21万2570円が後日支給されます。ただし差額ベッド代・入院中の食事代・大病院の初診費用・先進医療費などは適用外となるのでご注意ください。

いったん窓口で立て替える30万円を、最初から自己負担限度額の8万7430円にする「**限度額適用認定証**」という制度も併せて利用しましょう。支払いが生じる前に、限度額適用認定証を申請し、医療機関に提示しておけば、自己負担限度額のみの支払いで済ませることができます。

また、1年間の医療費が所得の5%もしくは10万円を超えた場合は、医療費控除が受けられます。市販薬を多く購入している方は、「**セルフメディケーション税制**」が使える場合もあります。

家計の見直しチェックリスト
ムダを省いて支出をスリム化しましょう

当たり前を見直して手放せるものを手放し生活のダウンサイジングを図ります

「下《か》方《ほう》硬《こう》直《ちょく》性《せい》」という言葉をご存じですか？

例えば賃金が50万円あって、その金額で生活するのが「当たり前」になってしまうと、それ以下の金額に減らすことが困難になるという意味です。でも、思い出してください。かつて賃金が30万円だったときには、それでなんとかやり繰りできていたはずです。ましてや70歳になれば、多くの場合、「必要経費」が減らせる時期に来ています。預貯金を減らさないためにも、緊急の医療費等に備えるためにも、**支出はできるだけ省いて**、新しい生活を築いていきましょう。

固定費チェックリスト

家　賃

□ **今の家の広さは本当に必要ですか？**
「駅近《えきちか》」でないといけませんか？

☞70代以降の「身《み》の丈《たけ》」にあった住まいを検討しましょう。小さな家に住み替えて家賃を下げれば、預貯金や遊興費を増やすこともできます。

スマホ・通信費

□ **今の料金プランは高すぎませんか？**

☞知らず知らずのうちに不必要なプランに入っていることが多いものです。利用状況に合ったものに変更しましょう。「格安スマホ」への乗り換えも要検討。インターネット等の通信費も一度見直しましょう。

車・駐車場

- [ ] **自家用車は本当に必要ですか？ひと月に何日乗っていますか？**

☞自家用車を所有していると出費が多くなります。乗る回数が少なければ、レンタカーやカーシェアリングに変更することも検討しましょう。

保険関連

- [ ] **今入っている保険の内容は適切ですか？**

☞若い頃に入った生命保険のままという方は、保障の内容や金額が適切かどうかを見直しましょう。必要充分な内容に変更することで、保険料が安く抑えられる可能性があります。

変動費チェックリスト

買い物

- [ ] **その買い物、もっと安く買える方法はありませんか？**

☞家具や家電など、大型チェーン店やインターネット通販でより安く買える場合があります。不用品が格安・無料で手に入る情報サイトなども利用しましょう。

引っ越し

- [ ] **その引っ越し料金は高すぎませんか？**

☞複数の引っ越し業者で見積もりを取り、また引っ越しの繁忙期を避けることで、引っ越し料金をかなり引き下げることができます。

売却チェックリスト

- [ ] **箪《たん》笥《す》、押入れ、倉庫、書棚などに、何か売れるモノは埋もれていませんか？**

☞本や洋服など不用品を売却すれば、家が片付くうえにお金が入ります。

働くのは「お金」のため？ 健康を維持し、孤独も解消できます

何歳になっても働く意思はあるもの 週に3日働ければ「お金」の不安は解消

内閣府の「高齢者の経済生活に関する調査」によると、60歳以上の男女を対象とした「いつまで働きたいか」という質問に対し「70歳くらいまで」と答えた方が21・7％、「75歳くらいまで」が11・9％、「働けるうちはいつまでも」の20・6パーセントを加えると、実に半数以上の方々が70歳以上も働きたいと考えておられることがわかります。

9・10ページで老後は「毎月約5万円の赤字」の可能性があることを説明しましたが、現役リタイア後の働き方で、この分を稼げればよいということになります。例えば、時給１０００円で8時間勤務すれば、3日で2万４０００円です。このペースを維持できれば1カ月の収入は10万円弱。これだけあれば月々の赤字額約5万円をカバーし、残った分を趣味などに有意義に費やせます。

一般的に、「老後の三大不安」は「（お）金」「健康」「孤独」の「３Ｋ」と言われます。職種によるものの、週に3日働くことができれば、おおむね「お金」の不安は解消されるでしょう。

また、体を動かす仕事は健康維持につながりますし、同僚やお客様と話をすることは孤独を遠ざけることになります。

シニアの方々が仕事に求めておられるのは、実は健康維持と孤独の解消であると言うことができるのではないでしょうか。

何歳まで働きたい？

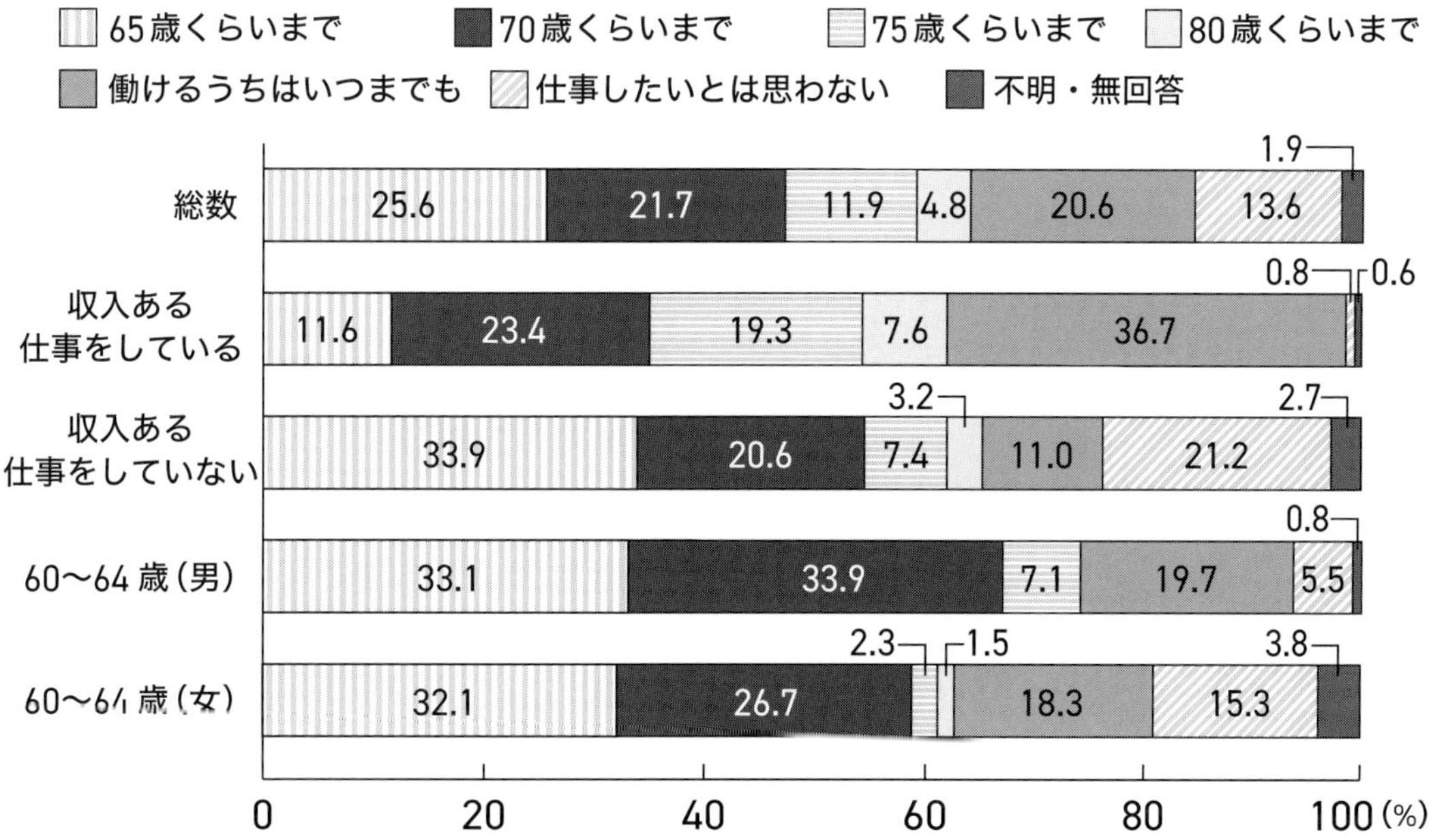

内閣府「高齢者の経済生活に関する調査」2020年

あなたが働く理由は？

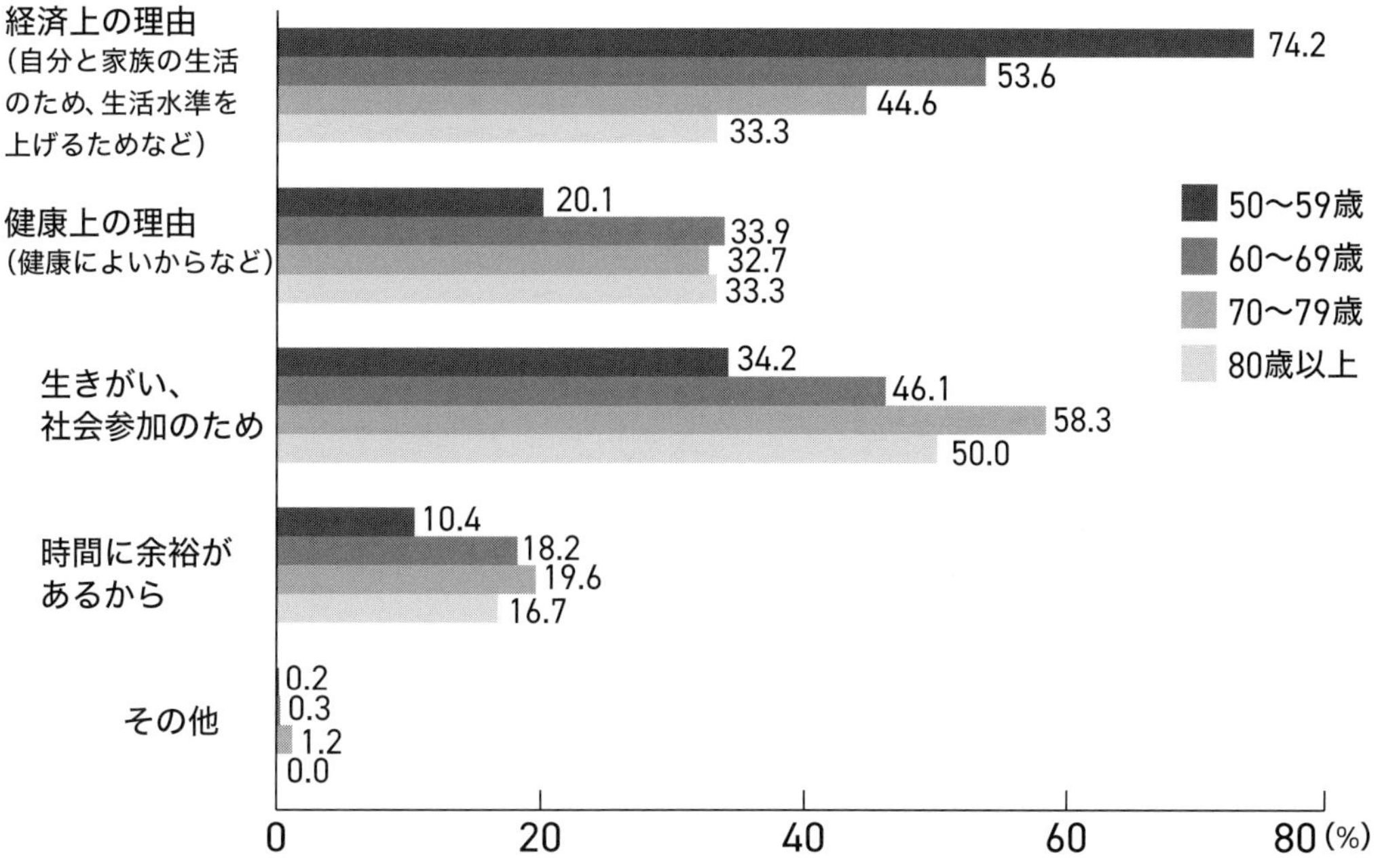

厚生労働省「高齢社会に関する意識調査」2016年

「もらえるお金」はこんなにある！しっかり活用してQOL（生活の質）を改善

住宅のリフォームやシルバーカー購入費など多種多様な補助・助成制度が整備されています

国や自治体などから**「もらえる補助金等」を活用する**のも得策です。これからの生活のために住宅をリフォームする方もいらっしゃると思いますが、省エネやバリアフリーにつながるなど、条件に合致したものであれば、定められた金額を受け取ることができます。リフォームを検討されている方は、事前に助成制度があるかどうかを調べることをおすすめします。税金の控除もあります。

そのほか、シルバーカーや補聴器の購入、空き家の取り壊し費用等々、いろいろな助成がありますので、これらも最大限に活用してください。

名　称	補助金等の内容	支給される金額	問い合わせ先
先進的窓リノベ・給湯省エネ（省エネリフォーム）	断熱性能の高い窓・ドアの設置や、効率の高い給湯器の導入などに対する補助金。	5万円～最大200万円程度	経済産業省、環境庁、自治体など
住宅特定改修特別税額控除（リフォーム減税）	省エネリフォームおよびバリアフリーリフォームを行なうことで、所得税が一定額控除される。	工事費用の10%程度	国税庁
高齢者住宅改修費用助成制度（介護・バリアフリーリフォーム）	要介護認定を受けた方が対象となる補助金。手すりの取り付けや段差解消、引き戸設置等。	最大18万円	自治体など

名　称	補助金等の内容	支給される金額	問い合わせ先
老朽危険空家除却費用助成（空家の取り壊し費用の助成）	空家を処分する際、老朽危険空家に認定されれば、取り壊しの費用の一部が補助される。	解体工事費の30～80％程度。上限あり	自治体など
緑の助成制度（緑化助成金）	道路に面したブロック塀の撤去、生垣や緑地帯をつくったことに対する補助金。	1メートルあたり1万円程度	自治体など
シルバーカー購入費の助成	シルバーカー（歩行補助車）は介護保険の対象だが、自治体によって補助金が出る場合がある。	購入費の50％程度。上限あり	自治体など
補聴器の購入費の助成	医師の診断に基づいて、補聴器の購入費を助成してくれる自治体がある。	数万円程度。上限あり	自治体など
生ごみ処理機の購入費の助成	生ごみ処理機を購入する際、自治体から助成金が出る。自治体によっては全額支給されることもある。	購入金額の33～100％程度。上限あり	自治体など
タクシー利用券等の交付	多くの自治体で、タクシーを利用しなければ移動が困難な高齢者等を対象に、利用券が交付される。	内容や条件等は自治体によってまちまち。	自治体など

※記載している内容は予告なく変更・廃止されることがあります。詳細は各事業所にお問い合わせください。

マイホームを売れば「老後資金」が増える！いろいろな方法を柔軟に検討しましょう

「終《つい》の棲家《すみか》」の選び方で生活は大きく変化10年後20年後を考えた選択を

70歳を迎えたら、「**住み替え**」についても一度検討していただきたいと思います。例えば子育てを前提に30代でマイホームを購入していた場合、70歳までにローンをほぼ払い終えている方が多いはずです。しかし築年数が経つと修繕費がかさみ、固定資産税も払わなければならないうえ、お子様が巣立ったあとは使わない部屋もあって、持て余すようになる可能性が出てきます。思い出の詰まったマイホームを手放すのはつらい選択ですが、これからの人生の生活安定のためには、**住まいのダウンサイジングを行なう**のもとても有効です。

持ち家を売却すれば、当然資金が増えます。賃貸住宅に移ると家賃が必要になりますが、維持管理は安くて楽になるので、メリットは充分あります。保証人を見つけにくい場合は、国土交通省のサポートがある「セーフティネット住宅」という選択肢もあります。

「田舎《いなか》暮らし」に憧れている方もいらっしゃるでしょう。広い庭つきの家を格安で買ったり借りたりできるメリットもありますが、一方で医療機関が少ないとか、運転免許を返納したあと交通の便が悪くなるといったデメリットもあり、慎重に考える必要があります。そのほか、生活費が安くなる「ケアハウス（軽費老人ホームC型）」など、**いろいろな方法を柔軟に比較検討してください。**

賃貸住宅に住み替えるメリットとデメリット

○マイホームの売却益を老後資金にあてられる。

○自宅の修繕費や固定資産税が不要になる。

○光熱費が安くなる。

○維持管理が安く、楽になる。

×家賃が毎月かかるようになる。

×手持ちの現金が増えると相続税が増える可能性がある。

「田舎暮らし」のメリットとデメリット

○広い庭つきの家を格安で買ったり借りたりできる。

○豊かな自然に囲まれ、のんびりと暮らすことができる。

○地場の新鮮な野菜などが安く買える。

×医療機関が少なく、規模も都会ほど大きくないことが多く、充分な医療が受けにくくなる可能性がある。

×将来、運転免許を返納したあと、場所によっては著しく交通の便が悪くなってしまう。

×水道代やガソリン代などが都会よりも高い場合がある。

「老後資金」を上手に増やすことも考えて リスクの低い「個人向け国債」がおすすめ

株式や不動産への投資は素人には難しい 手堅い方法でコツコツと運用しましょう

1990年代前半までの日本では、金利は比較的高い水準で推移していましたが、1990年代後半以降は低水準で推移しており、金融機関に預けていてもお金はほとんど増えません。株式投資という方法もありますが初心者には難しく、元本割れのリスクもあります。しかし、「老後資金」をただ預けるだけでなく、少しでも増やせるようにしたほうがお得なのは間違いありません。

そこでおすすめしたいのが、日本政府が発行する**「個人向け国債」**。これならリスクは低く、銀行に預けるよりもお金を増やしていくことが可能です。個人向け国債には、利息が満期まで変わらない「固定3年」「固定5年」と、半年ごとに利息が変わる「変動10年」の3種類があります。いずれも毎年利息が受け取れるうえ、満期になれば全額返済されます。「元本割れ」がないのです。

投資といえば、多くの方が「不動産投資」を思い浮かべると思います。アパートやマンションを所有すれば、入居者からの家賃収入があり、値上がりしたときに売却すれば大きな利益になります。しかしご主人の定年退職後に一から始めようとしても、購入時にローンが通りにくく、元を取るのに時間がかかりすぎるというリスクがあります。元々使っていない土地があるなど、少ない負担で所有できる場合に限ったほうが無難でしょう。

個人向け国債の種類

	変動10年	固定5年	固定3年
満　期	10年	5年	3年
金　利	変動金利	固定金利	固定金利
最低金利	0.05%		
利　息	半年に一度受け取れる		
購入単位	最低1万円から1万円単位		
中途換金	発行後1年経過すればいつでも可能。元本割れなし（直近2回の金利が差し引かれる）		

個人向け国債は1万円以上1万円単位で購入できます。金利の下限が0.05%に設定されており、変動を選べば、場合によっては1%近くまで上昇する可能性もあります。1年以上保有していれば売却も可能。満期前に手放しても元本割れはしませんが、直近２回分の利息が引かれます。

70歳からのハローワーク

知っトク情報☆ ①

キャッシュレス決済の基礎知識

キャッシュレス決済とは、現金を用いずに支払う決済方法の総称です。「スピーディーに支払える」「ポイントが貯まる」「お金が管理しやすい」などのメリットがあり、近年急速に普及が進んでいます。

キャッシュレス決済は大きく3種類に分けることができます。

「前払いタイプ」（プリペイド）

Suica《スイカ》やPASMO《パスモ》、WAON《ワオン》、nanaco《ナナコ》などの各種電子マネーのことです。利用金額を事前にチャージしておく必要があります。とてもスピーディーに支払えますが、チャージに手間がかかるデメリットもあります。

「即時払いタイプ」（リアルタイムペイ）

一般に「デビットカード」と呼ばれるもの。VISA《ビザ》やマスターカードなどの国際ブランドがついたものと、銀行等のキャッシュカードにデビット機能がついたものがあります。使いすぎを防ぐことができますが、分割払いやボーナス払いに対応していないデメリットもあります。

「後払いタイプ」（ポストペイ）

いわゆる「クレジットカード」のことです。インターネットショッピングの支払いや公共料金の納入にも使えるほか、さまざまな付帯サービスがありますが、暗証番号の入力やサインが必要な場合もあります。

これらのほか、スマートフォンを使う「スマホ決済」も便利です。決済アプリをスマホにインストールしてチャージした金額から支払うタイプ、設定している銀行口座やクレジットカードから支払うタイプなどがあります。

PART2

70歳から働くということ

働くことで「自分をアップグレード」頭と体を使うので健康寿命も延びます！

70歳だからこそ前向きに働きたい
働くことで得られるメリットがたくさん

PART1を読んでいただき、**70歳以降もそれなりにお金が必要になる**ことがおわかりいただけたと思います。預貯金と年金だけで人生の最期まで悠悠《ゆうゆう》自《じ》適《てき》の生活が可能なのは、限られた一部の人たちのお話であり、多くの方々は何らかの手立てを講じることが求められます。

そこで問題になるのが、70歳前後の方々の「マインド」です。みなさんの中には、「70代にもなって働くのは、お金に困っていると思われそうで恥ずかしい」と思っている方が多いのではないでしょうか？　年代によって差はあるかもしれませんが、大《おお》雑《ざっ》把《ぱ》に言うと、バブル経済崩壊前までのわが国では、「男性が外で働き、女性は家事や子育てに専念するのが当然」という価値観がありました。そんな時代の名残りで、働くことに後ろめたさを感じる方も、中にはいらっしゃるようです。

しかし、**働くことは恥ずかしいことではなく、むしろすばらしいこと**。「働かない人は損をしている」と言ってもよいくらい、お金以外に働くことで得られるメリットは多く、それに気づいて、お金以外の目的で動き出している方が近年は増えています。「お金がないみたいで恥ずかしい」ではなく、**「メリットがたくさんあって、お金も入るなんて、こんなにいいことはない」**という前向きな気持ちを持ってもらえるとうれしく思います。

「働くこと」にはこんなメリットが！

- やりたいことを見つけて仕事にできれば、「生きがい」や「張り合い」が生まれます。

- 人とのつながりが広がっていきます。

- 職場で知り合う若い人たちとの交流を通して、世の中の新しい情報を獲得することができます。
  ⇒それによって自分を「アップグレード」できます。

- 「頭」と「体」を使い続けるため、ボケ防止や運動不足解消につながります。
  ⇒健康寿命が延びて、介護が必要な状態になりにくくなります。

- 月に数万円の収入が得られれば、預貯金を取り崩す量が減らせます。場合によっては預貯金が増えます。
  ⇒お金が増えれば精神的ストレスが減ります。

- 以上のメリットにより、「金・健康・孤独」という「老後の3K問題」の解決・克服にもつながります。

「プロティアン」という生き方
自分を「軸」に「心の満足度」を高めましょう

家族のために何十年もがんばったあとは
あなた自身の幸せを追求してください

「プロティアン」という言葉をご存じですか？　これは「変化し続ける」「変幻自在」といった意味の英語で、「プロテウス」という「ほかのものに変身できるギリシャ神話の神様」の名前が語源となっています。「プロティアン・キャリア」というキャリア理論もあり、「組織主体ではなく、個人が主体となって、変幻自在に自律的にキャリアをつくる」といった意味合いになります。

　これを私は、**「自分を軸（主体）にして、今の自分にとっての成功とは何かを考えながら生きる」**ことだと解釈しています。

　例えば多くの男性は、組織で働いている間、組織を軸にして昇進や昇給などを目指します。これに対して多くの女性は、家庭を軸にして、子どもがいれば子どもを軸にして、よりよい家庭を築き、よき母であろうとしてがんばってこられたはずです。

　しかし70歳前後の年齢ともなれば、女性も男性も、この「軸」を「自分以外の何か」から「自分自身」に取り戻し、自分の「心の満足度・充足度」を高めるために、変幻自在に生きていくべきではないでしょうか。もっと簡単に言えば、自分という人間は何をしていたら幸せなのかを、何も決めつけずに追求するということです。昇進や体面という「目に見える成功」から、心の満足・心の充足という「真の成功」にシフトしましょう！

「自分以外の軸」と「自分軸」の違い

	自分以外の軸	自分軸
主体者・主役	家族、親としての立場や役割、親戚、近隣コミュニティー	私個人
核となる価値観	家族、親戚、ママ友、近隣コミュニティーの中でよく見られる	自分自身の成長、自由、楽しみ
目指すもの	よき妻、よき母、よき隣人	自分自身の心の満足度・充足度

「人にどう思われるか」ではなく、「自分がどう感じるか」を大切にして、「価値判断の軸」を自分自身に取り戻しましょう。ご自身の心の満足度を高めていきいきと生活していたら、周囲にもよい影響が及ぶのではないでしょうか？

「人生の棚卸し」をすると「自分の軸」が浮かび上がってきます

「ライフキャリアシート」で過去を振り返り がんばった自分をほめてあげましょう

前節で、自分を「軸」にして変幻自在に生きることの大切さをお話ししました。ところが長年「自分以外」に軸を置いてがんばってこられた方の中には、「自分は何をしたいのか？」、もっと言えば「自分とはどういう人間なのか？」が、よくわからなくなっていることもあると思います。

そこでぜひ取り組んでいただきたいのが、「**ご自身の人生の棚卸し**」です。具体的には、次ページの「**ライフキャリアシート**」に書き込んでいただくことで、人生の棚卸しのきっかけづくりができるはずです。過去の自分がやってきたことなどを思い出し、一つひとつ書いてみてください。

私のセミナーに参加されたみなさんにこれをお願いすると、最初は「書けない」とおっしゃっていた方も、いざ書きはじめてみたら「**意外といろいろ書ける**」ことを実感されています。そして、「20代の頃はこれが苦手だったけれど、60代の今はできるようになっている。**進歩していないようで、ちゃんと進歩していたんですね**」と言われる方もたくさんいらっしゃいます。

棚卸しが済んだら、1年後、3年後の自分をイメージして「**未来予想**」を書いてみましょう。何も思いつかなくても、大丈夫です。それはそれで「これから何をしてもいいんだ」とポジティブにとらえ、楽しんでいきましょう！

これまでの人生を振り返ってみましょう

仕事や興味・関心、がんばったこと、苦手だったこと、学んだこと、印象的なエピソードなどを書き出してみましょう。

20代	
30代	
40代	
50代	
60代	

現役世代よりも楽しく働ける70代「小さな仕事」で輝くシニアがたくさん!

時間が短く、収入が少ない仕事で大丈夫 無理をする必要はありません

70歳近く、あるいは70歳を超えての働き方は、いわゆる「現役世代」のようにフルタイムである必要はありません。ほとんどの人は年金の受給が始まっていますから、生活の「ダウンサイジング」をしたうえで、**「足りない分を補う」**程度の働き方で充分。つまり**「決して無理をしなくていい」**ということです。

実際、シニアの方々が就く仕事の大半は、少額の収入を得る**「小さな仕事」**になると思います。働く時間も日数も、そう多くはありません。そのため、精神的にも肉体的にも負荷が少なく、ストレスもさほどかからないことが多いでしょう。

では、「小さな仕事」はつまらなかったり、退屈だったりするのでしょうか? 実はリクルートワークス研究所の興味深い調査データがあります。次ページのグラフをご覧ください。「仕事の満足度」に関して、20代後半から50代、つまり「現役世代」の満足度が30数%で推移しているのに対して、**60代から70代の方々の仕事に対する満足度は45~60%程度で推移している**のがおわかりいただけるでしょう。

社会との接点を持ち続けながら、時間や日数は少なめで、負荷も少なく、自分らしく楽しく働くことができれば、充実しているはずの**現役時代よりも高い満足度が得られる**ということです。

現役世代よりシニアのほうが仕事の満足度は高い！

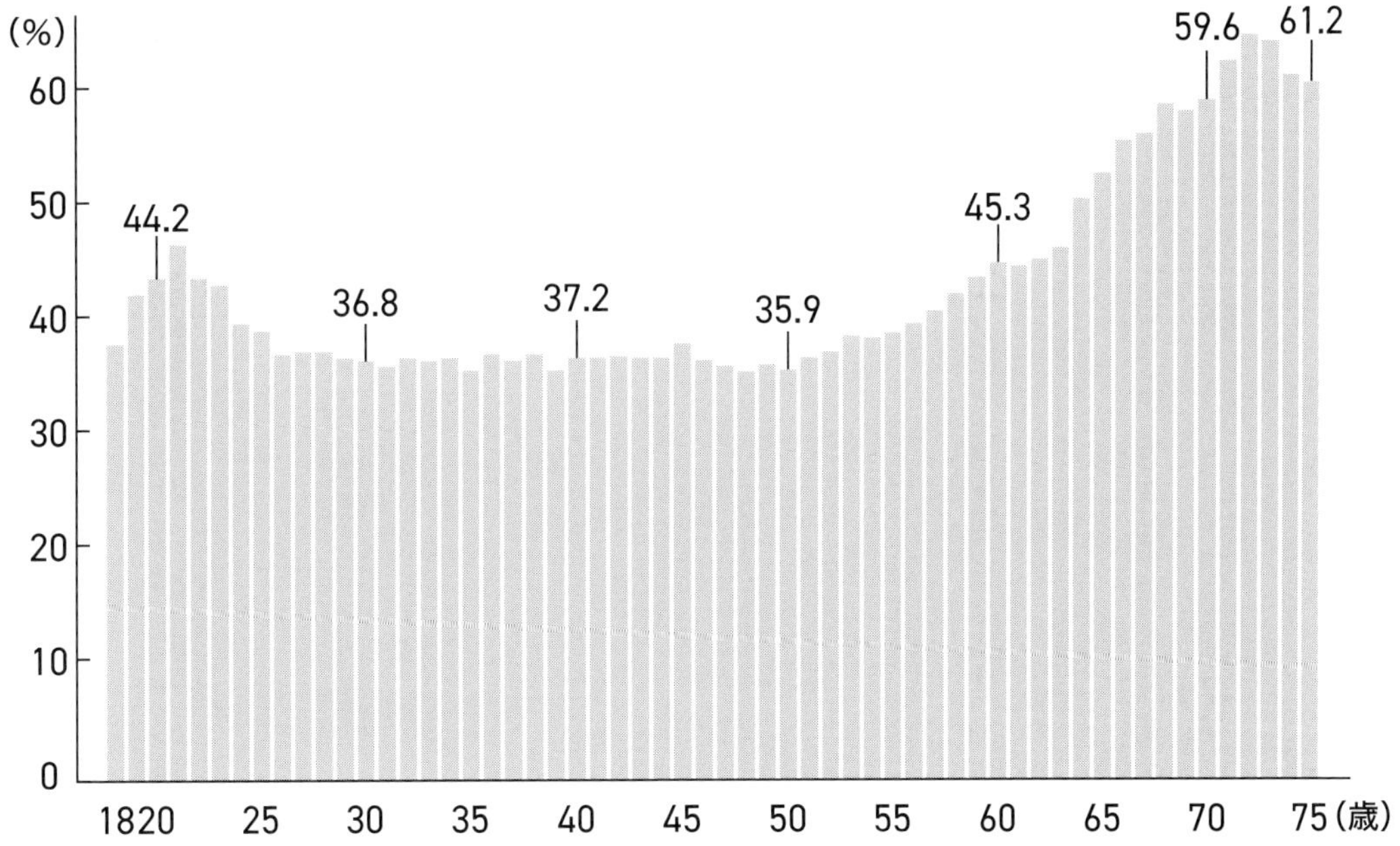

（中央3年移動平均により算出している。2019年時点の数値）
リクルートワークス研究所「全国就業実態パネル調査」

グラフからは、「希望に満ちた新卒時代」「仕事の苦労を味わい続ける20代後半から50代」「満足度の高い仕事を見つける60代から70代」というイメージが湧いてきます。つまり多くの70代は、楽しんで働いているのです。

楽しい仕事を見つけましょう「合わない仕事」は無理しなくていい?!

70歳からの仕事に「ガマンの美徳」は不要「出合うまで探し続ける」こともポイント

　前節で、60代から70代の方々の仕事への満足度が高いとお話ししました。満足できる理由として、仕事そのものの負荷やストレスが少ないこともありますが、おそらく多くの方々は、「好きな仕事」「楽しい仕事」を見つけたり、「疲れない人間関係」をつくれたりしているからだと考えられます。

　これを踏まえて、70歳前後の方々の「仕事探し」において、お願いしたいことがあります。それは「この仕事（職場）は自分に合わない」と感じたら、できるだけ早めに見切りをつけて、何度でも別の仕事を探していただきたいということです。

　というのも、シニアの方々はみなさん真面目で、「石の上にも三年」という考えが根づいているため、少々つらくてもガマンなさる方がとても多いと感じています。しかし、もともと無理をする必要などないのですから、楽しめない仕事を長く続けなくてもかまわないと思います。

　いろいろと試しているうちに、好きな仕事、好きな職場に出合えるはずですし、また出合えるまで試し続けるべきだとも思います。面白そうと思った仕事が意外につまらなくて、それまで興味がなかったのに、やってみると面白くてハマってしまった、ということもよくあります。とにかく「見つかるまで幅広く探し続ける」ことが、満足度を高めるための賢い方法だと言えるでしょう。

シニアの仕事の見つけ方

アルバイトかけ持ち型

興味があるアルバイトをどんどん試してみましょう。例えば月曜日と火曜日で一つの仕事、木曜日と金曜日で別の仕事をして、「ちょっと違う」と思ったほうを見合わせてまた別の仕事にチャレンジするようにすれば、ある程度の収入を維持しながらいろいろと試すことができます。経験値も高まります。

収入確保しつつ準備型

「ぜひやってみたい！」と思う仕事はあるけれど、準備や勉強に時間がかかり、資格や資金が必要な場合は、無理のない範囲で週に何日かアルバイトをしながら準備を進めましょう。

「シルバー人材センター」を活用しましょう やりがいを抱きつつ地域にも貢献

金額にこだわらずに地元で働きたい人向け いろいろな仕事を体験してみましょう！

仕事の探し方の一つとして、地域の「**シルバー人材センター**」に登録するという方法があります。シルバー人材センターは、高年齢者に仕事を斡旋することで生きがいを得ていただき、同時に地域社会の活性化に貢献することを目的にした組織です。基本的に都道府県知事の指定を受けた社団法人として運営され、市区町村単位で設置されています。

注意点としては、「生きがいの提供」や「地域活性化」に主眼が置かれているため、必ずしも一定の収入につながらない可能性があることです。

また、たいていの場合、登録のために数百円から数千円程度の年会費が必要となります。

シルバー人材センターはそれぞれ独立した運営となっているので、紹介される仕事の種類はまちまちです。主な例は次ページをご参照ください。

シルバー人材センターには「**ワークシェア**」という基本方針があり、気に入った仕事に巡り合えたとしても、ある程度の期間で「別の人に交代」しなければならない場合があります。続けたい仕事だった場合、少し残念に思われるかもしれませんが、そこは気持ちを切り替えて、「**いろいろな仕事が経験できる**」と考えたほうがよいでしょう。過去のキャリア等にこだわらず、なんでも挑戦してみたいという意欲がある方に向いています。

郵便はがき

料金受取人払郵便

京都中央局
承　　　認

6647

差出有効期間
2026年2月14日
まで

（切手は不要です）

601-8790

205

京都市南区西九条
北ノ内町十一

PHP研究所
暮らしデザイン普及部
お客様アンケート係　行

1060

ご住所 □□□-□□□□ TEL：	
お名前	ご年齢 歳
メールアドレス	@

今後、PHPから各種ご案内やアンケートのお願いをお送りしてもよろしいでしょうか？　□ NO
チェック無しの方はご了解頂いたと判断させて頂きます。あしからずご了承ください。

＜個人情報の取り扱いについて＞
ご記入頂いたアンケートは、商品の企画や各種ご案内に利用し、その目的以外の利用はいたしません。なお、頂
たご意見はパンフレット等に無記名にて掲載させて頂く場合もあります。この件のお問い合わせにつきましては
記までご連絡ください。（PHP研究所　暮らしデザイン普及部　TEL.075-681-8554　FAX.050-3606-44

PHPアンケートカード

PHPの商品をお求めいただきありがとうございます。
あなたの感想をぜひお聞かせください。

お買い上げいただいた本の題名は何ですか。

どこで購入されましたか。

ご購入された理由を教えてください。（複数回答可）

1 テーマ・内容　2 題名　3 作者　4 おすすめされた　5 表紙のデザイン
6 その他（　　　　　　　　　　　　　　　　　　）

ご購入いただいていかがでしたか。

1 とてもよかった　2 よかった　3 ふつう　4 よくなかった　5 残念だった

ご感想などをご自由にお書きください。

あなたが今、欲しいと思う本のテーマや題名を教えてください。

シルバー人材センターで見つけられる仕事の例

技術分野	家庭教師　学習教室の講師　パソコン指導 翻訳・通訳（英語・英語以外）　自動車の運転
技能分野	庭木などの剪定《せんてい》　障子・襖・網戸の張り替え　大工仕事 ペンキ塗り　衣類のリフォーム　刃物とぎ 門松・注連縄《しめなわ》づくり
事務分野	一般事務　経理事務　調査・集計事務　筆耕《ひっこう》・宛名書き パソコン入力
管理分野	建物管理（ビル・アパート・マンション管理など） 施設管理（スポーツ・遊戯施設管理など）　駐車（輪）場の管理
折衝外交分野	販売員・店番　配達・集配　集金　営業 電気・ガスなどの検針
一般作業分野	除草・草刈り　屋外清掃　屋内清掃　包装・梱包 調理作業（食器洗浄や配膳など）　各種農作業 エアコン・換気扇の清掃　チラシ配り　荷造り・運搬
サービス分野	家事サービス（掃除・洗濯・留守番など） 福祉サービス（身の回りの世話、話し相手、介助など） 育児サービス（子守、送り迎えなど）

公益社団法人全国シルバー人材センター事業協会のホームページから作成

「ファミリー・サポート・センター」の利用「子どものお世話」や「送り迎え」で活躍

地域の子どもを守り育てる有意義な仕事

子どもが好きで、子育ての経験もあり、育児の援助がしたいと思われる方は、**「ファミリー・サポート・センター」**に「提供会員」として登録するのも一案です。依頼者のお子様を預かる「子守」や「送り迎え」などを行なうことになります。

ファミリー・サポート・センターは、自治体が運営している場合と、前述のシルバー人材センターが運営している場合があります。どちらかと言えばボランティアに近い仕事なので、いただける給料はあまり多くありませんが、子どもたちと接する喜びを味わえるところが大きな魅力です。

昔と今の「子育ての常識の違い」に注意

注意点は、いわゆる「子育ての常識」が昔と今とでは違うことです。例えば昔なら子どもを叱る際、時には体罰を伴う指導を行なったりしましたが、近年では「ほめて伸ばす」考え方が主流となっています。また、昔はグズる乳幼児をすぐに抱っこすると「抱き癖がつく」と言われましたが、今はしっかりと抱いてあげることが大事だという考え方もあります。そういった「トレンド」を事前に学んでおいて、依頼者から「クレーム」などが生じないように気をつける必要があるでしょう。

もちろん、子育て経験が豊富な方から、今の若い保護者の方に対してアドバイスができる場合もあると思います。ほどよい距離感を保ちながら、よい信頼関係が築いていけるといいですね。

ファミリー・サポート・センターの仕組み

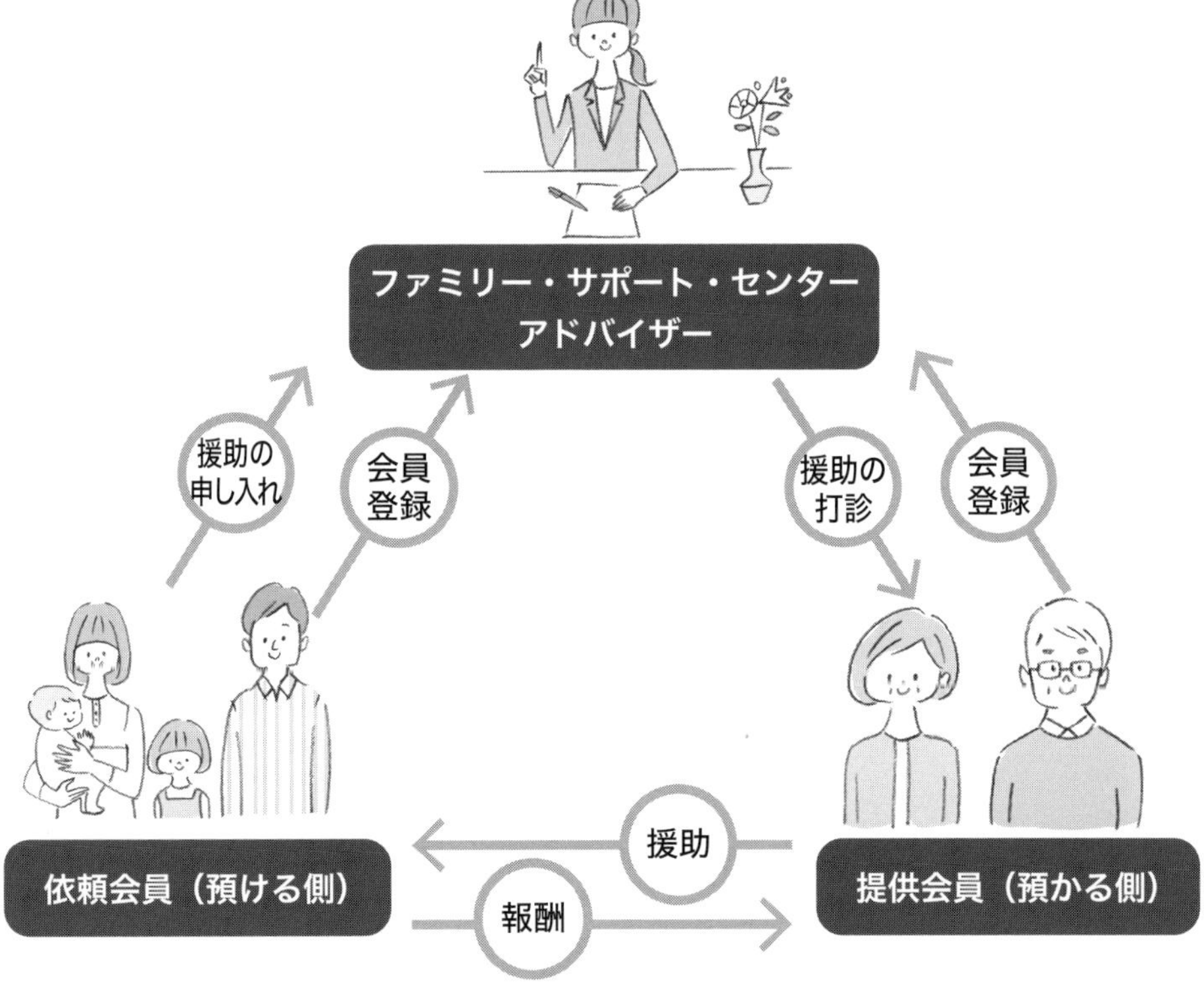

ベビーシッターは、依頼者宅か依頼者が指定した施設で子どもの世話をしますが、ファミリー・サポートでは提供会員の家や児童センターなどで世話をするのが一般的です。ベビーシッターのほうが専門性が高く、ファミリー・サポートのほうが気軽に頼みやすいといった違いがあります。

仕事は複数の方法で探しましょう
恥ずかしがらず、気楽に、気長に!

まずは一歩踏み出してみて
ただしお金を請求されたら詐欺の可能性あり!

シルバー人材センター以外にも、シニア世代が仕事を探す方法がいくつかあります。

仕事探しで大切なのは、周囲の目を気にしたり、失敗を恐れたりしないようにすることです。神経が細やかな方ほど、「失敗したら恥ずかしい」とか「うまくいかなかったらどうしよう」といった思いにとらわれて、「最初の一歩」をなかなか踏み出せないことがあります。

しかし、あなたが気にするほど、他人はあなたのことを気にしていないものです。気持ちを切り替えて、積極的に挑戦されることをおすすめします。

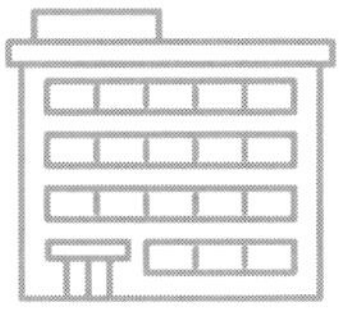

ハローワーク（公共職業安定所）

全国500カ所を超えるハローワークのうち300カ所に「生涯現役支援窓口」が設けられ、65歳以上の方々を対象にした就職支援が行なわれています。こちらで情報を探してみるのもいい方法です。

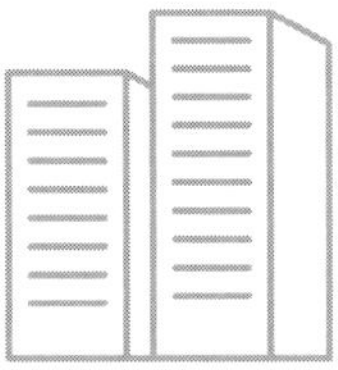

人材派遣会社

若い人が利用するイメージがありますが、シニア向けに特化した人材派遣会社も存在します。登録しておくことで、仕事を紹介してもらうことができます。

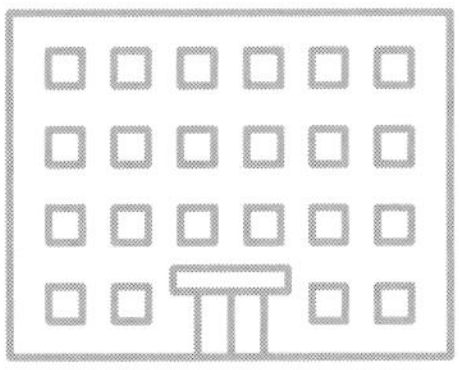

転職支援会社

まだまだフルタイムで働いてみたいと希望される方には、転職支援会社に登録するという方法があります。基本的には正社員を募集する企業への転職支援が目的なので、シニア向けの仕事が見つかる可能性は低いと予想されますが、「思わぬ出合い」があるかもしれません。

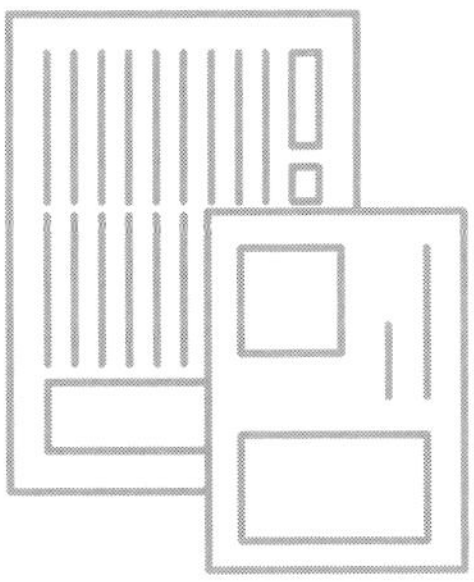

新聞・折込チラシ・求人誌

オーソドックスな方法ですが、新聞の求人広告や折込チラシ、駅などで配付されている求人誌なども有力な情報源です。現在どんな求人があるのかといった、世の中の傾向を知ることもできます。

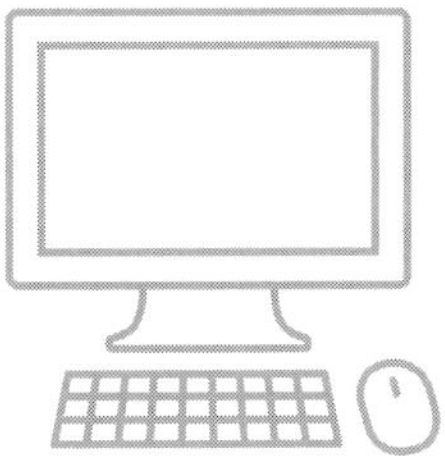

シニア向け転職サイト（インターネット）

パソコンやスマートフォンを使って、「シニア向けの転職サイト」で探すという方法もあります。

全般的な注意点としては、前述の「シルバー人材センター」を除き、登録料などの名目で事前にお金を請求されることはまずありませんので、万一、お金を請求されたら、詐欺を疑ってください。また、「70歳以上も募集対象」のように書かれていても、実際には話がなかなか回ってこないこともありますので、期待しすぎず、気楽に、気長に取り組んでください。

「面接」をクリアするためのポイント
笑顔で、はきはきと、簡潔に

相手に「好印象」を与えることが大事
身だしなみを整えることから始めましょう

新しい仕事を探すうえで直面するのが「**面接**」という関門です。どこかに採用されて働くには、必ずこれをクリアしなければなりません。本書の読者のみなさんの中には、「面接を受けるのは何十年ぶり」という方もいらっしゃるでしょう。

本節では、「身だしなみ」「話し方」「面接担当者とのやり取り」について、注意したほうがよいポイントをいくつかご紹介します。また、面接に臨むにあたって、健康管理が適切にできていることも大切です。体が元気そうであれば、それだけで印象がよくなるからです。

「身だしなみ」の注意ポイント

☑ 清潔感のある髪型

面接はもちろん、履歴書用の写真を撮る前に、美容院などで髪型を整えておきましょう。ヘアカラーは常識的な範囲であれば問題ありません。髪が長い方は後ろで結ぶのがおすすめです。

☑ 清潔で体のサイズに合った服装

古いスーツなどを引っぱり出してきてサイズが合わないようであれば、無理をせず、サイズがぴったり合った綺麗めの衣服を新調しましょう。

☑「匂い」にも気をつける

面接の際、香水はつけないようにしましょう。

「話し方」の注意ポイント

敬語・丁寧語で話す

面接担当者が明らかに自分より年下だとわかっても、くだけた話し方は決してせず、しっかりとした敬語・丁寧語を使うことが大切です。

結論から話す

面接担当者の質問に対して、まず結論から話しましょう。そのうえで、できるだけ簡潔にわかりやすく説明すると伝わりやすいでしょう。

いつもよりゆっくり話す

緊張するとどうしても早口になりがち。相手が聞き取りにくくなります。「間《ま》」をとりながら、ややゆっくり話すように心がけましょう。

「面接担当者とのやり取り」の注意ポイント

自己紹介の仕方

①名前、②経歴、③入社後どんな貢献がしたいかについて、簡潔に1分以内で話します。笑顔ではきはきと発音することも大事です。

志望動機の伝え方

①なぜその会社（事業体）に入りたいと思ったのか、②自分の経験やスキルとその会社との親和性などについて、わかりやすく説明します。

最後に「何か質問はありますか？」と聞かれたら

給与など条件面のしつこい質問はマイナスイメージになります。入社までにやっておくべき準備や予習などについて尋ねると、好印象を与えます。

「アナログの情報発信」が大切
友人・知人から「いい話」が舞い込むことも

アンテナを張って有力情報をキャッチ！

ネガティブな意見には惑わされないように

　仕事を探すうえでは、**「情報発信」**を行なうことがとても大切です。情報発信と言うと、フェイスブックやX（旧ツイッター）、インスタグラムといったSNS（ソーシャル・ネットワーキング・サービス）を思い浮かべるかもしれません。もちろんSNSに挑戦されるのもよいと思いますが、それよりも、友人や知人に直接伝える「アナログの情報発信」をおすすめしたいと考えています。

　例えば「週に3回くらいで何か仕事ができたらいいなと思っているんだけど、どこか人を募集しているところはないかな？」といったことを、会話のついでに話しておくのです。何か心当たりがあれば、すぐに教えてくれるでしょうし、その場では思いつかなくても、あとでその人がつかんだ情報を伝えてくれるかもしれません。そうやってあちこちにアンテナを張っているうちに、よい出合いが訪れることがあります。

　気をつけていただきたいのは、仕事を探していることを聞いて哀れんだり、小バカにしたりする人も、時折いるということです。そんな人から「心ない言葉」を投げかけられても、どうかお気になさらないでください。先にも述べたように、**働くことはすばらしいこと**です。あえて反論する必要もありませんが、そこは笑顔でやり過ごして、仕事探しを続けていただきたいと思います。

コミュニティーに参加して人脈を広げましょう

コミュニティーの例

- 趣味に関するサークルや団体
- 健康・スポーツに関するサークルや団体
- 勉強・教養に関するサークルや団体
- 町内会や自治会など近隣コミュニティー
- ボランティア団体
- お達者（老人）クラブ

コミュニティーを探す際の条件

- 安心・安全の場が確保されていること
  - ・個人情報が守られる。
  - ・自分の意見を受け止めてもらえる。
  - ・批判される心配がない。
- 目的を意識する
  - ・人脈を広げたい、若い人の話を聞きたい。

！

☞限られた友人・知人だけでなく、より幅広い人たちに向けて「情報発信」し、同時に「情報収集」するためには、何らかのコミュニティーに参加し、信頼できる人間関係を広げていくことも有効です。

☞もしも入ってみて「合わない」「違う」と感じたとき、すぐに抜けることができるように、あらかじめ「やめる理由」を用意しておけば、思い切って飛び込むことができるはずです。臆病《おくびょう》にならず、どんどん挑戦していきましょう！

「教養」を身につけましょう
学ぶことを通して自分に自信を

勉強する方法はさまざま
資格取得を目指すのもおすすめ

仕事を探しはじめる前、まだ預貯金や時間にゆとりがある間に、自分自身の「**教養を高めておく**」のも、とてもよいことだと思います。興味関心があることを学んだり習ったりして、少しでも成長することができれば、自分に自信が持てるようになります。自信がつけば顔つきも変わり、その後仕事を探すときの面接でも、相手に好印象を与えられるはずです。もちろん、学んだことが直接仕事に生かせる場合もあるでしょう。

あるいは何かやりたい仕事があって、そのために何らかの資格が必要な場合、通信講座などで勉強をして資格取得を目指すのもよいことだと思います。ただし、資格を取ったからといって、すぐによい仕事が見つかるとは限りません。それでも一所懸命に学んで身につけた教養、知識、技術、センスなどは、必ずみなさんの人生を豊かにしてくれるはずです。「生涯学習」「リカレント教育（社会人が再び教育を受けること）」という言葉が定着しましたが、**やはり人は何歳になっても学び続けることが大切**なのでしょう。

学ぶ方法としては、「カルチャーセンター」「通信講座」「（大学などの）履修証明プログラムや公開講座」「シニア大学」などが挙げられます。学びたい内容や、現在の生活スタイルに合ったものを探してみてはいかがでしょうか。

いろいろな学び方から自分に合うものを選びましょう

カルチャーセンター

さまざまな趣味・文化・教養についての講座が受けられる施設のことです。ターミナル駅の近くのビルやショッピングセンターなどにあることが多いでしょう。

通信講座

教材の送付、テレビ、ラジオ、インターネットなどを使って提供される教育のことです。文化・教養だけでなく、資格取得を目的とした講座もあります。

履修証明プログラム

大学などが社会人に校舎や施設を開放し、短期間でまとまった勉強ができるプログラムのことです。学んだことを証明する「履修証明書」が発行されます。そのほか、大学などが地域市民に生涯学習の場を提供する「公開講座」もあります。

シニア大学

学制による大学ではなく、自治体や市区町村の福祉法人などが運営する高齢者向けの学習機会の場のことです。学べる科目や内容は主催者によってそれぞれ異なります。

70歳からのハローワーク
知っトク情報☆ ②

「ボランティア」という道もある

「生きがいを見つける」「人生の幸福度を高める」という意味では、何らかのボランティアや慈善活動に参加するという方法もあります。もちろんボランティアですから基本的には無償、有償ボランティアでもさほど大きなお金にはなりませんが、「人や社会の役に立つ行動」を通して「心の満足」や「真の成功」を得ることにつながるでしょう。

ボランティアの例

☑傾聴《けいちょう》ボランティア

文字通り「相手の話を聴く」というボランティアです。高齢者施設などに出向いて利用者さんのお話を聴くと、とても感謝されるそうです。全国の社会福祉協議会で募集があり、養成講座も行なわれています。

☑ゴミ拾いボランティア

街中、公園、河川、海岸などに捨てられたゴミを拾うボランティアです。自分が住んでいる街や自然環境が綺麗になり、とてもやりがいが感じられるそうです。参加方法は、ゴミ拾いを行なっているボランティア団体の募集情報をインターネットで探すのが一般的です。

☑観光ボランティアガイド

無料もしくは低価格で、地元の観光地、自然、歴史などを紹介するガイドのことです。自治体、市区町村の観光協会などで募集されています。日常会話程度の外国語ができれば、外国人観光客のガイドを任されることもあります。

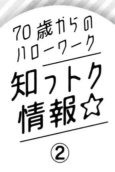

PART3

70歳からのハローワーク

無理なく続けられる「小さな仕事」カタログ

記載している職種や具体的な内容、データなどは、自治体や事業所、団体などによって異なる場合があります。詳細はご自身でお問い合わせください。また法改正その他の理由により予告なく変更、廃止されることがあります。

ファストフード店員

シニアが働きやすい条件がそろっている

大手ハンバーガーチェーンが、シニア層のパート採用を積極的に進めています。

例えばマクドナルドは、「プレミアムエイジ（シニア）クルー」という名称で高年齢の方を採用しています。モスバーガーでは「モスジーバー」と呼ばれる60歳以上のスタッフが働いています。

両社を含め、ファストフード店の仕事は、基本的に出勤日や勤務時間の相談がしやすく、1日2～3時間から働けます。少ない負担で始められるので、「かけ持ち」したい方にもおすすめです。

DATA

勤務日数

週2日～
(1日2時間～)

収　入

時給制
(地域により異なる)

向いている人

接客・調理が好きな人

コンビニ店員

接客業が初めての人でも挑戦しやすい

大手コンビニエンスストアチェーンでも、シニア層の採用が積極的に行なわれています。

レジ業務（会計・宅配便手配・公共料金精算等）、品出し、陳列、簡単な調理、コピー機やATMなどの管理、店内清掃など、仕事内容は多岐にわたっており、慣れるまではやや戸惑うかもしれません。ただしレジのセルフ化も進んでおり、店員の負担は減る傾向にあります。

勤務する日数や時間、また時間帯などをよく相談すれば、無理なく続けられるでしょう。

DATA

勤務日数

週2日～
(1日2時間～)

収　入

時給1000円～(早朝・深夜は時給アップ)

向いている人

接客が好きな人

清掃スタッフ

さまざまな施設をきれいにする仕事

商業施設、オフィスビル、マンション、ホテル、病院など、さまざまな場所で清掃を行ないます。

清掃の手順や廃棄物の処理方法などが細かく決められていて、覚えることが多いのが特徴です。また、無理な姿勢で長時間作業するといったこともあり、体力的な負担はそれなりに大きいと言えます。その反面、人と話す機会が少ないので、接客が苦手な人に向いているでしょう。

シルバー人材センターの講習会で、清掃作業について教わってから働く人も多いようです。

DATA

勤務日数

週1日〜
（1日3時間〜）

収　入

時給1100円〜

向いている人

掃除が好きで、体力がある人

マンション管理人

マンションの増加で需要が高まっている

マンションの入居者が快適に暮らせるようにサポートする仕事です。都市部ではマンション開発が進み、人材不足が続いていると言われます。

敷地内の清掃、訪問者の受付、巡回、設備の点検、ゴミ回収の立ち合い、トラブル対応などを主に行ないます。マンション住民とのやり取りもあり、人と接することの好きな人が向いています。

勤務形態は「住み込み」「通勤（フルタイムもしくは半日）」「巡回」など。シルバー人材センターで管理業務の講習を受けられる場合もあります。

DATA

勤務日数

週4〜5日

収　入

時給1100円〜

向いている人

世話好きな人

工場での軽作業

未経験で対応できる単純作業が多い

各種の工場で簡単な作業をする仕事です。年齢制限がなく、未経験でも充分対応できますが、正確さや丁寧さが求められるので、細かい作業が得意な人が向いているでしょう。

作業内容は工場によってまちまちです。例えば電気製品等の部品の組み立て・検査、物品の運搬、シール貼り、梱包、工場内の清掃、製品の製造に関する補助的作業などが挙げられます。

単純作業が多かったり、立ち仕事が長時間続いたりする場合もあります。

DATA

勤務日数

週2、3日〜（1日の単発バイトもあり）

収　入

時給1100円〜

向いている人

細かい作業が好きな人

物流センターでの軽作業

正確でスピーディーな作業が求められる

物流センター・倉庫内で商品の仕分け、ピッキング、梱包、値札づけ、発送等の作業を行なう仕事です。ピッキングとは、伝票や作業指示書に書いてある商品をピックアップするという意味です。

注文された商品を注文された数量だけ、素早く正確に発送しなければ、顧客からのクレームにつながる可能性があるので、細かい作業が得意な人が向いています。近年はコンピュータで制御された自動倉庫も多くなっており、作業者の負担は軽減される傾向があります。

DATA

勤務日数

週2、3日〜

収　入

時給1100円〜

向いている人

細かい作業が好きな人

一般事務

ワードとエクセルが使えれば理想的

さまざまな事務作業を行なう仕事です。「ＯＡ事務」と呼ばれることもあります。正社員だけでなく、アルバイトやパートの募集もあります。

仕事の内容は会社によってまちまちですが、一般的には「書類作成」「書類のファイリング」「伝票の処理」「郵便物の発送や仕分け」「データ入力」「電話の応対」「来客の応対」などが挙げられるでしょう。特に専門的なスキルは必要ありませんが、ワードやエクセルの基本的な使い方がわかっていれば、問題なく対応できるはずです。

DATA

勤務日数

アルバイト・パートは週3、4日〜

収　入

時給1000円〜

向いている人

人のサポートが好きな人

発掘作業員

古代のロマンが感じられる

土の下に埋もれている土器・石器・遺跡などを発掘する仕事です。道路やマンション、ビル等が建てられる際に発掘調査が行なわれますが、それに付随するさまざまな作業を手伝います。

発掘調査員の指示のもと、スコップを使って土を掘る作業が主体で、測量や図面作成、現場の写真撮影のアシスタントを行なうこともあります。また、発掘された土器や石器の洗浄も行ないます。

特別な資格は必要ありません。未経験者も含めて募集されていることが多いでしょう。

DATA

勤務日数

週3〜4日

収　入

時給1000円〜

向いている人

歴史・考古学に関心がある人

ベビーシッター

子どもの成長を助け、家族の生活を支える

乳幼児から小学生くらいまでの子どもの「保育・教育」を行なう仕事です。子どもの安全をしっかりと守りながら、遊んだり、コミュニケーションを取ったり、食事を与えたりするなど、子どもの成長に貢献し、その家族を支える役割を担います。勤務場所は、通常依頼者の自宅か託児所となります。

特に資格は必要ありませんが、各地で行なわれているベビーシッター講習会を受講し、その修了証などがあれば、信頼して仕事を任せてもらえるようになるでしょう。

DATA

勤務日数

週3〜4日（依頼によって異なる）

収　入

時給1100円〜

向いている人

子どもが好きな人

保育補助員

保育士をサポートして子どもの面倒をみる

保育施設で保育士の補助をする仕事です。具体的には、子どもたちの着替えの手伝いや寝かしつけ、散歩の付き添い、送り迎えのために施設に訪れる保護者への対応、おむつ交換、排泄の介助などを行ないます。また、保育施設で行なわれる行事の準備や運営の手伝いをすることもあります。

保育士の資格等は必要ありません。私立を除き、基本的には市区町村のホームページで募集されています。シルバー人材センターで保育補助業務講習が受けられる場合もあります。

DATA

勤務日数

週1日〜
（1日1時間〜）

収　入

時給1000円〜

向いている人

子どもが好きな人

70歳からのハローワーク

いきいき掲示板

「プロティアン」な生き方の実例を紹介します。

◆お 名 前　H・サワさん（62歳）

◆お住まい　埼玉県

◆お 仕 事　60歳から市役所会計年度職員、介護保険認定調査員

◆きっかけは？

コロナ禍で仕事がなくなり時間ができたので、社会福祉士の資格を取ったことがきっかけです。

◆やりがいやエピソードなど

前職含め、今までの人生経験をフル活用して楽しめています。国家資格を持っていることで、定年は自分で決められる有り難さを実感しています。

音楽療法専門学校に行き仕事を始めたのは44歳。子育てが一段落して、幼少期からレッスンに通っていたエレクトーンの技術を生かせればと思って専門学校に入学しました。

50歳を過ぎて始めたボランティア中心で、仕事じゃないけど音楽療法の仕事は天職だと思って70歳過ぎまで出来ると思っていたらコロナ禍で仕事がなくなった！　人生何が起こるかわかんないけど、今、不満のない生活を送れています。

◆お 名 前　K・ユウコさん（71歳）

◆お住まい　東京都

◆お 仕 事　精神科病院専属ボランティア

◆きっかけは？

20年ほど前、精神保健福祉ボランティア講座を受講したことがきっかけです。ちょうど、社会貢献をしたいと考えていたタイミングでした。当時、障害者のためのカフェと飲食店の立ち上げや、グループホーム・作業所でのお手伝いをし、2010年、転居にともない、病院ボランティアに専念しました。

◆やりがいやエピソードなど

自宅から近県の患者さんのもとまで出かけるのは、自分の楽しみでもあります。病院の中の生活しか知らない患者さんもいらっしゃいます。そのような方が、こんなオバサンでも、訪問を楽しみに待っててくれる。お年を召した方も若い方も、本当に純粋で無垢です。コロナ禍でボランティアの形も変わりましたが、患者さんから温かい気持ちをいただき、自分の生きる力につながっていると日々感じています。

シニアサポート

介護保険では提供できないサービスを行なう

介護保険で提供されるサービス内容には、できることとできないことの線引きがあります。シニアサポートとは、介護保険で提供できない「保険外サービス」を担う仕事です。

保険外のため、利用者にとっては実費負担のサービスとなります。基本的に、介護サービス事業者の事業の一環として行なわれています。

サポートの内容はさまざまで、高齢者の話し相手になったり、外出の付き添いをしたり、依頼内容に応じて対応することになります。

DATA

勤務日数

週1日〜

収　入

時給1000円〜

向いている人

人のお世話が好きな人

障害者グループホームの世話人

障害者の自立をサポートする

障害者グループホームとは、一人で生活することが困難な方に対して、自立した生活が送れるようになるための支援をする施設のことです。その「世話人」とは、障害者グループホームにおいて、利用者に対してさまざまなサポートを行なうスタッフを指します。具体的には、入浴・食事・排泄の介助をしたり、話し相手になったりします。

資格は必要ありませんが、何か介護関連の資格がある方のほうが優遇されるでしょう。意思疎通が困難な方の思いをくみとる力も大切です。

DATA

勤務日数

各施設で相談して決める

収　入

時給1100円〜

向いている人

粘り強く人に向き合える人

高齢者の安否確認

一人暮らしの高齢者を見守る

一人暮らしの高齢者の家に、決まった時間に電話をかけて安否を確認する仕事です。さまざまな種類がある高齢者の見守りサービスの一つで、多くは企業が運営しています。

特に資格は必要ありませんが、一般的な電話のマナーが備わっていて、お年寄りに対してやさしく丁寧な対応ができる方が望ましいでしょう。オペレーターの勤務形態はフルタイムのシフト制で、多くは9時から18時までとなっています。電話はオペレーションセンターからかけます。

DATA

勤務日数

週5日（1日8時間）

収　入

時給1000円～

向いている人

常にやさしい話し方ができる人

リスニングスタッフ

ひたすら「聞き上手」に徹する

別名「愚痴聞きバイト」とも呼ばれており、依頼者からかかってきた電話に出て、依頼者の話をひたすら聞く仕事です。これも多くは企業が運営しています。

注意点としては、相手から「あなたならどう考えますか？」と尋ねられない限り、自分から何か意見を言ってはいけないということです。尋ねられた場合も、相手が不快に思うような意見を述べたりはせず、極力「聞き上手」に徹しましょう。上手に相槌を打つことも大切です。

DATA

勤務日数

週1日～

収　入

1分100円～

向いている人

聞き上手な人、秘密を厳守できる人

調理補助

ホテル・レストラン・学校等で調理を手伝う

飲食店等の厨房で調理の補助をする仕事です。具体的には、調理場の清掃、調理器具・食器等の準備、野菜等食材のカット、食材や調味料の計量、料理の盛り付け、配膳、食器の洗浄などを、調理師や管理栄養士の指示に従って行ないます。

資格は不要で経験も問われませんが、チームワークが大切な仕事なので、コミュニケーション能力や協調性が求められます。また、調理補助の実務経験を2年以上積むと、調理師免許取得試験（国家資格）の受験資格を得ることができます。

DATA

勤務日数

週2、3日～

収　入

時給1000円～

向いている人

料理が好きで協調性がある人

家事代行

長年の主婦の経験が生かせる

依頼者の自宅に訪問して、さまざまな家事の代行を行なう仕事です。家事代行サービス会社に登録し、講習を受けてから仕事を斡旋《あっせん》してもらうのが一般的な始め方です。

具体的には、部屋・キッチン・浴室・トイレ・ベランダ・庭などの掃除、洗濯やアイロンがけ、食器の洗浄と片付け、料理のつくり置き、植物への水やり、子どもの送り迎えなど、一般的な家事全般を行ないます。主婦としての長年の経験が生かせる仕事だと言えるでしょう。

DATA

勤務日数

週1日～
(1日1時間～)

収　入

地域や代行する内容によって異なる

向いている人

家事が好きな人

学生寮・社員寮の管理

若い入居者の親代わりのような仕事

学生寮や社員寮に入居する人たちの生活の面倒を見たり、健康管理をしたりする仕事です。

主な仕事の内容としては、朝食の調理と提供、郵便物の受け取りと仕分け、食材の買い出し、寮内の共用部分や寮の周辺の清掃、防犯管理などが挙げられます。また、住人の間で発生したトラブル対応を行なう場合もあるでしょう。

「寮母さん」とも呼ばれるように、若い入居者の成長を見守る親のような存在でもあります。時には相談相手になる機会があるかもしれません。

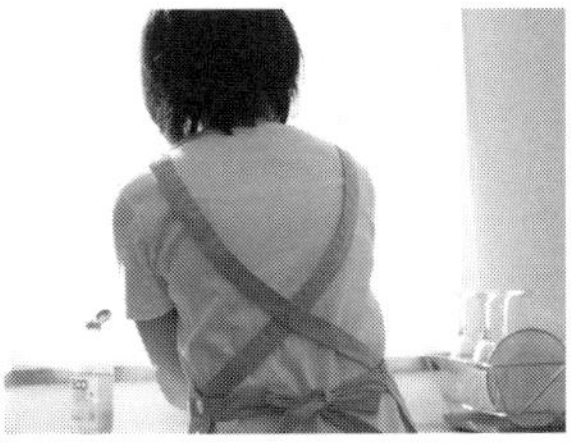

DATA

勤務日数

週2日～
(1日5時間～)

収　入

時給1100円～

向いている人

面倒見がよく、目配りができる人

駐車監視員

違法駐車を取り締まって道路の安全を守る

2人ひと組みで地域を巡回し、駐車違反の取り締まりを行なう仕事です。２００６年の道路交通法改正により、警察から委託された民間企業の駐車監視員も、取り締まりができるようになりました。駐車監視員の立場は、勤務中のみ公務員として扱われる「みなし公務員」とされています。

資格が必要であり、「駐車監視員資格者講習コース」を受講して取得するのが一般的です。

シフト制で残業がなく、シニア層に人気の仕事ですが、年齢制限を設けている会社もあります。

DATA

勤務日数

週2日～
(1日5時間～)

収　入

時給1000円～

向いている人

トラブルに落ち着いて対応できる人

デパート広告などの監視員

ひたすら監視し続ける

デパートや大型店舗の垂れ幕が落ちたり風でねじれたりしないように、開店から閉店まで監視し続ける仕事があります。1日中座って見ているだけなので、体力的な負担は少ないのですが、集中力と忍耐力が必要となります。デパート関連ではアドバルーンを監視し続ける仕事もあります。こちらはアドバルーン会社が募集しています。

その他、ティッシュ配りをしている人が、サボったりティッシュを捨ててしまったりしないように監視する仕事もあります。

DATA

勤務日数

週1日～

収　入

日給8000～10000円

向いている人

集中力・忍耐力がある人

クレーム代行

クレームを伝達し、問題解決を目指す

依頼者がクレームを言いたい相手に、依頼者に代わってクレームを伝える仕事です。

具体的には、依頼者が直接言いにくいクレームの内容を、お店や企業、家族、友人、恋人などに対し、電話や手紙・メール等を使って伝えます。

クレームを伝えるだけの場合と、クレームを伝えたうえで問題解決まで図る場合があります。後者は無事に解決した際に追加料金が生じます。感情的にならず、冷静にやり取りをして、双方が納得できる落としどころを見つけるのが理想です。

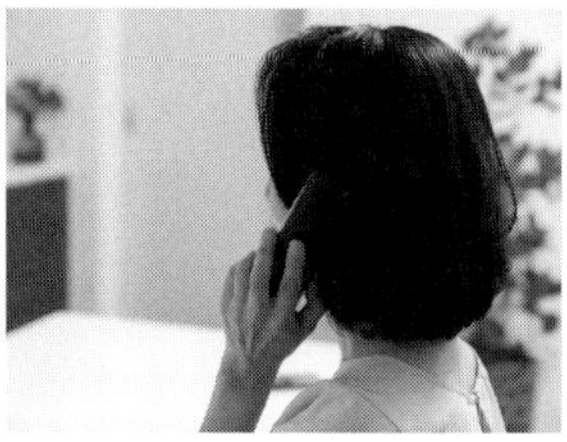

DATA

勤務日数

1日に1時間程度

収　入

時給1000円～

向いている人

会話上手で、冷静かつ合理的に話せる人

70歳からのハローワーク

いきいき掲示板

「プロティアン」な生き方の実例を紹介します。

◆お名前　N・ヤスコさん（74歳）
◆お住まい　神奈川県
◆お仕事　飲食業

◆きっかけは？

下の子どもが中学生になったのをきっかけに、健康のためにスポーツを始めました。そのときの友人がパートタイマーとして忙しく働いていたので、夫の反対もありましたが自発的に始めた……それが始まりです。

それからしばらくは子どもが帰宅する午後まで、子どもが大学に入ってからは夕方までの勤務で、あくまで家庭中心の働き方です。

◆やりがいやエピソードなど

立ち仕事で疲れることも多々ありますが、同僚が気心知れた人たちなので楽しく過ごせています。お客様は老若男女、多種多彩なお仕事をなさっている人ばかり。お話の内容が盛りだくさんで私も勉強になります。働くことで、気持ちが明るくなりますね。

◆お名前　K・トシコさん（81歳）
◆お住まい　埼玉県
◆お仕事　事務職・営業職・経理・飲食業

◆きっかけは？

高校卒業から結婚するまで23年間、九州から従姉妹を頼って上京などの転機はありましたが、いろいろなお仕事をやらせていただきました。

2002年に、とあるご縁で居酒屋をオープン。ママがエリザベス、チーママがマーガレットと、そんな名前で気楽にお客様が集まれる場所になりました。

◆やりがいやエピソードなど

母が「真面目に働くこと」の大切さを教えてくれました。

仕事で覚えたことが次の仕事で活きてくるのを実感し、それをまた繰り返していく……ということを仕事で経験できました。思いも寄らないような体験ができたこと、たくさんの方に支えられて楽しんでこられたことに、改めて感謝しています。

子どものいない人生ですけれど、今も周りの方々と楽しく過ごさせていただいています。

ライブ配信監視

インターネット時代の新しい仕事

動画が投稿できるサイトを使って、テレビの生中継のように映像を生配信し、視聴者とリアルタイムで交流する行為が盛んに行なわれています。その際、コメント欄に暴言を書き込む人が出てくることがあります。それを生配信中に監視して、コメント削除などの対応をする仕事です。

自宅にいながら、パソコンの画面を見て作業を行なうことができます。同時に、動画サイトの規定に違反する映像が流されていないかどうかもチェックする場合があります。

DATA

勤務日数

週2日～（1日4時間以内でも可）

収　入

時給1000円～

向いている人

パソコン・インターネットが得意な人

インターネット発送代行

すき間時間に手軽にできる

インターネットで通信販売を行なっている事業者から商品を預かり、梱包・発送を代わりに行なう仕事です。インターネットオークションに出品している人の代わりに発送する場合もあります。特に難しい仕事ではありませんが、きれいに梱包して確実に発送することが求められます。

自宅にいながら、すき間時間に副業的に行なえるという利点があります。ただし、採用募集の際に運転免許証の控えを求められたりしたら詐欺の可能性もありますのでよく注意してください。

DATA

勤務日数

1日1～2時間

収　入

1件あたり100円程度～

向いている人

在宅で副業をしたい人

地域の観光ガイド

旅行者とふれ合い、郷土を案内する

旅行者を対象に、地域の歴史・文化・地理・産業などを解説しながら観光案内をする仕事です。地場の歴史や文化等に興味があって学んでいる人、人と会話するのが好きな人が向いています。

観光案内所や旅行会社でガイドとして働く方法や、個人でフリーランスとしてガイドをする方法があります。英語その他の外国語が得意な方は、「訪日外国人向けガイド」として働くこともできます。その場合は「通訳案内士」の資格があると、仕事を獲得するのに有利となります。

DATA

勤務日数

週1～2日
（1日7時間～）

収　入

月収数万円程度

向いている人

郷土の歴史や文化に関心が高い人

ペットシッター

飼い主に代わって動物の世話をする

飼い主が旅行や出張に出かけたり、入院したりしている間、ペットの世話をする仕事です。基本的には飼い主の自宅に出向いて対応するため、ペットホテルに預けるよりもペットのストレスが少なく、ペットシッターの需要は高まっています。

ペットのご飯を用意して与えたり、トイレの処理をしたり、犬であれば散歩をしたりします。資格は不要ですが、「認定ペットシッター」「ペットシッター士」等の資格があると有利です。ペットシッター派遣会社などで募集があります。

DATA

勤務日数

週1日～
（1日3時間～）

収　入

時給900円～

向いている人

動物が好きで、ペットを飼った経験がある人

放置自転車管理

街の美化や安全向上に貢献

街中の放置自転車に対処する仕事です。

具体的には、撤去予告のラベル貼り、撤去・移動（トラックへの積み込み）、違法駐輪をしようとしている人への声かけ、放置自転車の集積所で、返還を希望する人の受付対応などを行ないます。

自転車の持ち主とのトラブルが発生する可能性もありますが、街の美化や道路・歩道の安全向上に役立つ有意義な仕事であると言えます。自治体から業務委託を受けた各地の事業者が行なっており、採用募集は随時行なわれています。

DATA

勤務日数

週2日～
（1日2・3時間～）

収　入

時給1100円～

向いている人

街の美化に貢献したい人

自動販売機設置場所探し

ウォーキングを兼ねてできる仕事

自動販売機を設置する事業を手がけている会社に「紹介者」として登録し、自販機を設置できそうな場所を探して紹介する仕事です。

ただ場所を見つけるだけではなく、その土地の所有者を見つけて交渉し、自販機を設置することを了承してもらったうえで、自動販売機設置会社に報告します。その後、設置が完了したら報酬を受け取ることになります。人通りが多くてよく売れそうな場所を見つけるセンスと、土地のオーナーとの交渉力が求められます。

DATA

勤務日数

1日30分～（散歩のついでにできる）

収　入

1台設置につき1万円～

向いている人

よく散歩をする人

ライター

依頼に基づいて文章を作成する

クライアントから提示された企画内容に合致した文章を書く仕事です。出版社が発行する書籍や雑誌の記事作成、広告のキャッチコピーや宣伝文作成、インターネットのウェブメディアに掲載する記事の作成などの種類があります。

これらのうち未経験の方が挑戦しやすいのは、3つ目のウェブライターだと言えます。正しい日本語能力に加えて、情報収集力、コミュニケーション能力、インターネットで検索されやすいキーワードを用いる工夫などが大切です。

DATA

勤務日数

不定（仕事の量と書くスピードによる）

収　入

1文字0.5円～
（ウェブ記事）

向いている人

読者の気持ちがわかる人

小論文の添削

文章の問題点を見つけて指摘する

高校生などが書いた小論文の添削をする仕事です。小論文の添削指導を行なっている学習関連の会社などが募集しています。

添削のポイントとしては、「テーマに即した内容になっているか」「誤字脱字はないか」「助詞や接続詞は正しく使えているか」「記述に矛盾はないか」「同じ内容を繰り返していないか」などが挙げられます。高い日本語能力が求められるため、四年制大学卒業が条件になっている場合があります。ネット環境があれば在宅ワークが可能です。

DATA

勤務日数

不定
（仕事の量による）

収　入

1枚150～300円程度

向いている人

日本語能力が高い人

翻訳業

語学力が生かせる

外国語で書かれた本、書類、映像などを日本語に訳したり、日本語で書かれたものを外国語に訳したりする仕事です。大きく「出版翻訳」「実務翻訳」「映像翻訳」「ウェブサイト翻訳」などに分類されます。いずれも在宅ワーク向きであり、出版社などが求人サイト等で募集しています。

これから始める方は、やや難易度の低い「和訳」の案件から取り組むのがおすすめです。英語等の語学力以外に、何らかの専門知識があれば、より単価の高い仕事の受注につながります。

DATA

勤務日数

不定
（仕事の量による）

収　入

和訳1ワード25円〜、英訳1文字20円〜

向いている人

語学力・文章力がある人

模擬試験・通信講座等の採点

学んだ知識を生かすことができる

小学生から大学受験生が受けたテスト・模擬試験、通信講座の解答などを採点する仕事です。多くの場合、マニュアルに従って採点（丸つけ）したり、記述式の解答を添削したりします。

オフィスや試験会場に出向いて採点する場合と、在宅ワークで行なう場合があります。賃金は、オフィスや試験会場で行なう場合は時給制、在宅ワークは歩合制となります。特に資格は必要ありませんが、学生の進路にかかわる重要な仕事なので、読解力や正確性が求められます。

DATA

勤務日数

週1日〜

収　入

時給1000円〜、歩合の単価はテストによってまちまち

向いている人

コツコツ作業をこなせる人

70歳からのハローワーク

いきいき掲示板

「プロティアン」な生き方の実例を紹介します。

◆お 名 前　T・キヨコさん（80歳）

◆お住まい　埼玉県

◆お 仕 事　事務職・内職・販売業

◆きっかけは？

23歳のときに京都から嫁いできました。今の仕事は先代が縁戚で仲人であった関係で35年ほど従事しています。当初は医学書を扱う出版社で発送業務や事務仕事に従事。子育て中は自宅でできる内職が中心。その後も事務作業の手伝いをずっと続けています。

◆やりがいやエピソードなど

働くのが大好き！　仕事のことなら何でも覚えたいと思い続けています。娘に「お金の間違いがあったらすぐ辞めるように」と言い渡されているから、絶対ミスしないよう肝に銘じて働いています。「そんなふうに年齢を重ねられたらいいね！」とよく言っていただけます。

◆お 名 前　ナカヤ・ヒロミさん（69歳）

◆お住まい　石川県

◆お 仕 事　会社員（清掃業）など

◆きっかけは？

51歳のときに夫を亡くしました。さらにその数年後、娘が離婚をし、生後3カ月の子どもを連れて実家に戻ってくることに……。「孫を何とかしないと！」との思いだけでがんばって来られた気がします。

◆やりがいやエピソードなど

常に仕事を掛け持ちしてきましたが、幸い正社員になれたので、もう掛け持ちをしないつもりです。娘のほかに息子も育てましたが、ここまでがんばれたのは、ひとえに「孫かわいさ」だけ、と言うと娘と息子に怒られるでしょうか。おかげさまで現在は、内孫2人と外孫3人の元気なおばあちゃんです。

セミナー講師

「教えること」も仕事になる

高いレベルまで極めた趣味や特技、何らかのスキルをお持ちの方は、教室を開いてセミナー講師になるという方法があります。

例としては、料理教室、手芸教室、習字教室、英語教室、絵画教室、写真教室、ヨガ教室、パソコン教室、ピアノ教室などが挙げられるでしょう。講座のプログラムをつくり、必要に応じて資料を作成し、会場を準備して、宣伝活動を行ないます。教えたい人と学びたい人をつなぐ「ストアカ」などのサイトを活用するのがおすすめです。

DATA

勤務日数

週1日〜

収　入

受講料の設定や生徒の人数で変動

向いている人

特技があり、人と話すのが好きな人

テレフォンアポインター

コミュニケーション能力が生かせる

顧客リストをもとに、個人および法人に電話をかけて、自社の商品やサービスの商談をするための訪問アポイントを取る仕事です。基本的にはその会社のコールセンターで勤務することになりますが、在宅が可能な場合もあります。

相手によってはいきなり電話を切られたり、心ない言葉を浴びせられたりする場合もあるので、すぐに気持ちを切り替えられる人が向いています。最初に簡潔に用件を伝えて、わかりやすく説明することが重要となります。

DATA

勤務日数

週3日〜

収　入

時給1400円〜

向いている人

コミュニケーション能力が高く、気持ちの切り替えが早い人

エキストラ

映画やドラマに出演できる

エキストラとは、映画やドラマ、ＣＭなどの撮影において、通行人、群衆、レストランの客などの役割を果たす出演者のことです。

エキストラになるには、エキストラを派遣している人材派遣会社に登録する、エキストラ専門の芸能事務所に登録する、エキストラを募集しているサイトに登録するといった方法があります。

衣装は基本的に自前。勤務時間は撮影の進行や天候の変化に左右され、待ち時間が長いことが多いため、半日以上拘束されることもあります。

DATA

勤務日数

不定

収　入

1回1000～5000円程度

向いている人

撮影現場やエキストラの役割を楽しめる人

ジグソーパズル制作代行

趣味と実益を兼ねた仕事

ジグソーパズルの組み立てを代行する仕事です。通常の求人ではなく、インターネットを介して業務を請け負う「クラウドソーシング」という方法で受注するのが一般的です。

パズルを預かる前に、依頼者に全ピースそろっていることを確認してもらい、預かってすぐに数を確認してから作業を行ないます。組み立て料の相場は１ピース１円程度で、１０００ピースなら１０００円となります。糊付けや額縁入れを別料金で請け負う場合もあります。

DATA

勤務日数

サイズで異なるが、納期は1件1週間程度

収　入

1ピース1円×ピースの数

向いている人

ジグソーパズルが好きな人

墓参り代行

地方のお墓でニーズが高まっている

お墓参りに行けない人の代わりをする仕事です。始め方としては、お墓参りの代行業者の求人に応募する、「クラウドソーシング」を介して自分で受注するといった方法があります。

単にお墓で手を合わせるだけではなく、汚れたお墓をきれいに掃除したり、雑草を抜いたり、古いお供え物を交換してお花を供えたり、線香をあげたりします。また、掃除前と掃除後の写真を撮って依頼者に送ることも含まれます。お墓を破損したりしないよう丁寧に行なうことが大切です。

DATA

勤務日数

依頼数によって増減する

収　入

1件5000円〜

向いている人

心を込めてお墓参りやお墓の掃除ができる人

冠婚葬祭の参列代行

よりよい儀式のためのお手伝い

結婚式や葬式などの冠婚葬祭の儀式において、依頼に応じて友人・職場関係者・親族などの役割を演じる仕事です。代行業を行なっている会社に登録して始めることができます。

結婚式では、単に出席するだけの場合もあれば、スピーチや余興まで含めて盛り上げ役を依頼される場合もあります。ふさわしい服装で参列し、マナーをきちんと守りつつ、しかもその場に溶け込むことが大切です。葬式では、たとえ代理でも遺族に寄り添う気持ちで手を合わせます。

DATA

勤務日数

1日1時間〜

収　入

1件5000〜8000円程度

向いている人

冠婚葬祭の儀式に慣れていて、場の雰囲気に合わせられる人

カフェ経営

憩いの場をつくる

個人でカフェを経営したいと考えている方もいらっしゃるでしょう。通常、開業資金に数百万円程度かかりますが、居ぬき物件を利用できれば、初期投資を低く抑えることができます。

開業の方法としては、個人で始める、フランチャイズに加盟するなどの選択肢があります。カフェスクールに通ってコーヒー等の知識を学ぶのもおすすめ。また飲食店を始めるには、食品衛生責任者の資格を取得するとともに、飲食店営業許可申請を行なって営業許可を受ける必要があります。

DATA

勤務日数

任意

収　入

月の売上が90万円程度で少し利益が出る（固定費によって変わる）

向いている人

商売が好きで努力できる人

シェアハウス経営

比較的収益を得やすい不動産経営

シェアハウスとは、1軒の家を複数の人が借りて、それぞれ個別に賃貸契約を結んで個室に入居し、キッチンやリビングなどを共同で使用するスタイルのことです。使っていない空家があり、シェアハウスに適したリフォームが可能であれば、個人でも経営に取り組みやすいでしょう。

入居者同士のトラブルが発生しやすいといった難点がありますが、通常のアパートやマンションよりも収益性が高く、築年数が古くても入居者が見つかりやすいという利点があります。

DATA

勤務日数

管理方法によって異なる

収　入

家賃設定、入居者数で異なる

向いている人

人と関わることが好きで、計画性がある人

ハンドメイド作品の販売

楽しんでつくったものが商品になる

ハンドメイドでオリジナル作品をつくって楽しんでいる方もいらっしゃると思います。それを各地で催されている手づくり市やフリーマーケット、インターネットなどで販売することができます。

インターネットで売るといっても、特に難しいわけではなく、スマホアプリで簡単に出店することが可能です。ただし、有名ブランドのロゴやデザインを真似たり、単に既製品を組み合わせたものだったり、本に掲載されている作品をそのままつくって販売すると、著作権法違反になります。

DATA

勤務日数
任意

収　入
売れた金額から材料費等を引いた金額

向いている人
手づくり作品をつくっている人

スナック営業

少ない資金で楽しい交流の場をつくる

人と話すのが好きで、楽しく交流できる癒しの場をつくりたいと考えておられる方には、スナック営業という選択肢もあります。

新たにお店を立ち上げるのではなく、「間借り営業」という方法なら、少ない資金で始めることができます。例えばふだん他の方が営業されているスナックの定休日もしくは取り決めた日や時間だけ、お店を借りて営業するのです。家賃や光熱費の負担割合などについてきちんと契約書をつくっておけば、トラブルは未然に防げるはずです。

DATA

勤務日数
取り決めた日数・時間で営業

収　入
1日の売上が3万円だったとして、そこから経費を引いた額

向いている人
話し好きな人

70歳からのハローワーク

いきいき掲示板

「プロティアン」な生き方の実例を紹介します。

✦お 名 前　サトウ・ヨシコさん（71歳）

✦お住まい　東京都

✦お 仕 事　ベビーシッター

✦きっかけは？

孫の面倒を見終わったときに、「育て方、あれでよかったのかな？」と気になり、東京しごとセンターの講習会を受講。はじめは人様の子どもの面倒を見るなんて、と思っていましたが、経験を生かして役に立てればと思いました。

✦やりがいやエピソードなど

1年以上訪問しているお宅のママから「うちの子はサトウさんじゃないとダメなんです。心を許せるのはサトウさんしかいないんですよ」と言っていただいたとき、お役に立ててよかった！　と思いました。また、フルタイムで働いているママから、「サトウさんが見てくださっているから、私も安心して働けます」と言っていただけたことも幸せでした。

✦お 名 前　ヤナギサワ・ユウコさん（65歳）

✦お住まい　千葉県

✦お 仕 事　いろいろ掛け持ち（アルバイト、業務委託、スポット……）、スナックのママ、キャリアコンサルタント、事務サポート、プール監視員、試験監督、ハンバーガー店やフレンチレストランにも応募中！

✦きっかけは？

知り合いの伝手やインターネットを利用したり、実店舗に行ったりと、さまざまなきっかけがあり、「80歳でも現役」の目標のためにも、趣味のゴルフを続けるためにも（笑）、ずっと働きたいと思っています。

✦やりがいやエピソードなど

お酒が好きで、人とつながりを持つことが大好きなので、スナックのママはいろいろな方と出会えるありがたい仕事です。一方で、シニアの方々のキャリアを応援していきたいという想いもあるので、研修や面談などでもお役に立てることが喜びです。

ユーチューバー

動画づくりを楽しみ、うまくいけば収益も

動画投稿サイトの「ＹｏｕＴｕｂｅ」に、ご自分で動画を撮影・編集して投稿しているシニアユーチューバーの方は、意外なほどたくさんいらっしゃいます。

収益に結びつけるのはそれなりに大変ですが、楽しみながら動画を投稿して、いろいろな人たちとの交流が広がるのは楽しいものです。

スマホ1台でスタート可能。テーマは自由です。動画の撮影や編集方法の解説は、ＹｏｕＴｕｂｅで検索すればたくさん出てきます。

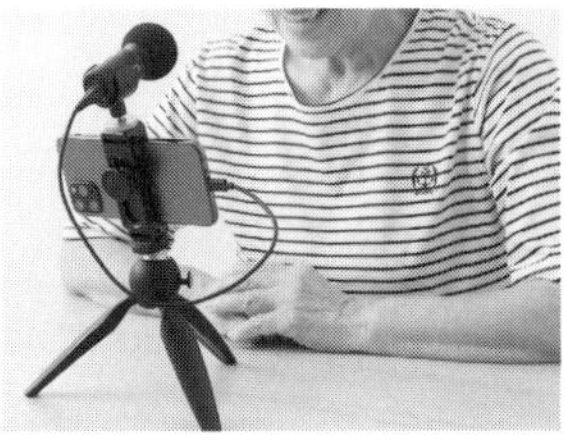

DATA

勤務日数

任意

収　入

チャンネル登録者数・視聴時間によって決まる

向いている人

動画投稿を恥ずかしがらずに楽しめる人

アフィリエイター

ブログを書くのが好きな人におすすめ

アフィリエイトとは、ブログ記事に企業の広告を掲載し、その記事を読んだ人が広告を通して商品やサービスを購入したとき、一定の報酬がブログ記事を書いた人に支払われる仕組みのことです。これを行なう人をアフィリエイターと呼びます。

ご自身のブログをアフィリエイト・サービス・プロバイダ（ＡＳＰ）に登録し、商品・サービスの紹介記事を書いて広告を掲載すれば大丈夫。すぐに収入が増えることはまれですが、何年か続けるうちに万単位のお金が入る可能性もあります。

DATA

勤務日数

月に3時間以上

収　入

3年以上続けた人の半数が月数万円に到達

向いている人

まめに文章を書くことが好きな人

農業のアルバイト

収穫の喜びが味わえる

農業に関心がある人、土いじりが好きな人、アウトドア派、自然が好きで体力に自信がある人なら、農業のアルバイトもおすすめです。農業専門の求人サイトで探すことができます。

農業のアルバイトには、農作物を植えて育てる「作付け」、育った農作物の「収穫と選別」、箱や袋に詰めた農作物の「出荷」といった種類があります。運動不足が解消され、新鮮な野菜が食べられるなどのメリットがある反面、暑い日も寒い日も外で働く厳しさもあります。

DATA

勤務日数

1日の単発、1〜3カ月の短期など

収　入

時給800円〜

向いている人

自然が好きで体力がある人

野菜や果物を育てて販売

いろいろな方法で売ることができる

家庭菜園で育てた野菜や果物を個人で販売することができます。注意点として、そのまま売る分には許可は不要ですが、加工品の販売には許可が必要となります。また、農薬ゼロで育てても、許可なく「有機野菜」と謳うことはできません。

売る方法としては、無人販売、移動販売、道の駅での販売、農協への持ち込み、ネット販売などがあります。それぞれ一長一短ありますが、時間や場所を制限されないネット販売なら、比較的気軽に始めることができるでしょう。

DATA

勤務日数

任意

収入

売れた数と価格設定による

向いている人

野菜や果物づくりが好きな人

料理研究家

オリジナルレシピを世の中に広める

料理が得意でオリジナルのレシピを考えるのが好きな方なら、料理研究家を目指すという方法があります。料理研究家の仕事は、新しいレシピや調理方法などを開発し、これを世の中に伝え広めていくことが主体となります。主婦がオリジナル料理をブログで紹介しているうちに、料理研究家になった例も。考案したレシピをメディアや企業等に提供して、得た対価が収入となります。資格は不要ですが、調理師免許や栄養士の資格などを取得すれば、さらに知識が深まります。

DATA

勤務日数

任意

収　入

個人差が大きい

向いている人

料理が得意で創意工夫できる人

花屋の店員

楽しい仕事だが体力も必要

花が好きで、花に関する知識が豊富な方は、花屋の店員として働くのもおすすめです。

仕事内容としては、花や観葉植物の手入れ、販売、注文の受付、フラワーアレンジメントやブーケの製作、接客、配達、店の掃除などがあります。

花に囲まれた楽しい仕事ですが、立ち仕事が続いたり、水の入ったバケツを運んだりするなど、体力も必要になります。ノウハウを覚えて自分で花屋を開業したり、フラワーコーディネーターを目指すといった選択肢もあるでしょう。

DATA

勤務日数

週2、3日～

収　入

時給1000円～

向いている人

花が好きで、体力がある人

PART4

70歳からの資格取得

今からでも遅くない
「おすすめ資格」と職業ガイド

記載している資格や具体的な内容、データなどは、法改正その他の理由により予告なく変更、廃止されることがあります。詳細はご自身でお問い合わせください。

資格

介護職員初任者研修

取得することで「訪問介護」が可能に

介護職としての基礎知識および技術を習得するための研修です。民間の介護スクールで130時間の研修を受講し、最後に修了試験に合格すれば取得できます。合格率はほぼ100%と言われており、仮に不合格でも追試制度があります。

介護の仕事には、身の回りのサポートをする「生活援助」と、食事・排泄・入浴など利用者の身体に直接触れる「身体介護」があります。この資格を取ることで「身体介護」ができるようになり、身体介護をともなう訪問介護が可能となります。

また、無資格者に比べて求人件数が数倍程度となり、応募する際の選択肢が広がります。

職業

ホームヘルパー

介護が必要なお年寄りの心身をサポート

正式名称は「訪問介護員」と言います。介護が必要な高齢者の家を訪問し、さまざまな援助を行なう仕事です。

主な仕事内容としては、食事・入浴・トイレへの移動・着替え・床ずれ防止の体位変換・服薬等の介助とおむつ交換などの「身体介護」、料理・洗濯・掃除・買い物などの「生活援助」、通院を手伝う「通院介助」があります。

こうした仕事がヘルパー本人の介護予防にもつながるため、多くのシニア層が働いています。

資格

ファイナンシャル・プランニング技能士

実技試験は関心が高いものを選べる

お金のプロフェッショナルであるファイナンシャルプランナーになるために取得する国家資格のことです。1級・2級・3級の3段階があり、3級は比較的合格しやすいとされています。

試験は学科試験と実技試験で構成され、学科試験には個人の資産計画、保険、税金、投資、不動産取引、相続などに関する問題が出題されます。

実技試験は2つの指定試験機関で内容が異なります。3級の場合、「きんざい」では「個人資産相談業務」と「保険顧客資産相談業務」、「日本FP協会」では「資産設計提案業務」の試験が用意され、どれか一つに合格すれば資格が取得できます。

職業

ファイナンシャルプランナー(FP)

お金に精通すれば「老後」に備えることができる

相談者のお金に関する情報を分析し、総合的な資金計画を立てるなど、お金の面でサポートを行なう仕事です。FPが対応する相談のテーマとしては、「家計の管理」「老後の生活設計」「年金・社会保険」「資産運用」「税制」などがあります。

通常は金融機関・不動産会社・税理士事務所等の仕事を目指しますが、シニアの場合、そうした会社とご縁ができる確率はあまり高くないかもしれません。55ページで紹介した「一般事務」の面接を受ける際、FPの資格があることをアピールすれば、採用の確率が上がり、より重要な仕事を担当させてもらえる可能性があります。

少なくともご自身の資金計画には必ず役立ちますので、目指す価値は充分あると思います。

資格

調理師免許

食の専門家としてよりよい仕事に就ける

食（食材・栄養・衛生）および調理技術に関する専門知識を有していることを証明するための国家資格です。

取得するには、調理師専門学校や調理科のある高校もしくは大学を卒業する、飲食店等で2年以上実務経験を積んだうえで調理師試験に合格する、という2つの方法があります。

調理師試験は、「公衆衛生学」「食品学」「栄養学」「食品衛生学」「調理理論」「食文化概論」の6科目で構成されています。資格を得ることで、飲食店はもちろん、給食センター、病院、介護福祉施設、宿泊施設などの仕事に就きやすく、給料や待遇がよくなる可能性が高まります。

職業

①給食センターの調理師

自治体や学校の給食センターに勤めて、給食の調理や盛り付けをしたり、学校で昼食を配ったり、食器や調理器具の後片付けを行なったりします。

一度に大量の料理をつくり、大きな鍋を運んだり洗ったりするため体力は必要ですが、子どもたちの成長を見守りながら働ける喜びも感じられます。

職業

②介護福祉施設のスタッフ

調理、配膳、後片付け、デイサービスへの対応、衛生管理など、介護福祉施設で重要な役割を果たすことができます。

可能な限り入居者一人ひとりに合わせた食事を用意するような場合は手間がかかり、細心の注意が必要となりますが、高齢者の健康維持に役立つ、使命感がある仕事だと言えます。

資格

古物商許可証

中古品の売買には警察の許可が必要

中古品の売買を事業として行なう場合、個人も法人も「古物商許可証」を取得しなければなりません。許可が必要な理由は盗品の発見や窃盗防止のためであり、無許可で営業すると罰則を受けます。

大まかな流れとして、まず申請者に犯罪歴がないなどの条件を確認し、営業所を準備します。次に古物の13品目（美術品類・衣類・事務機器類・自動車・道具類・書籍・金券類ほか）から取り扱う商品を選び、警察署に事前に相談したうえで、必要な書類を集めて申請書を作成・提出します。

審査には40日程度かかり、許可が下りたら晴れて中古品売買の事業を始めることができます。

職業

①古着販売

古い衣服には独特の味わいがあり、いつの時代も一定の需要があります。仕入先としては、大手リサイクルショップや「メルカリ」「ラクマ」などのフリマサイト、古着の卸業者などが挙げられるでしょう。よい場所と予算があれば店舗を構えてもよいですし、店舗がなくてもオンライン（インターネット）で販売することが可能です。

職業

②古書販売

本が好きな方なら、古書（古本）販売を手がけるのも楽しいでしょう。個人でも開業しやすく、無店舗のオンラインショップでも商売を成り立たせることができます。

仕入先はネットでの買い取りや地元の古書店など。品揃えに個性を打ち出せば、ファンがつく可能性もあるでしょう。

資格

野菜ソムリエ

野菜の価値を広めるスペシャリスト

一般社団法人日本野菜ソムリエ協会が認定する民間資格です。野菜や果物についての幅広い知識を身につけ、生産者と生活者との架け橋になることを目指します。取得しやすい順に「野菜ソムリエ」「野菜ソムリエプロ」「野菜ソムリエ上級プロ」の3段階があり、それぞれ講座が用意されています。上位の資格は難易度が高くなりますが、その分野菜ソムリエとしての実力も上がり、さまざまな仕事に就ける可能性が高まるでしょう。

野菜・果物の知識は、自分自身や家族の食生活の改善にも当然役立ちます。健康寿命を延ばすうえでも、とても意義がある資格だと言えます。

職業

①料理教室の先生

野菜ソムリエとしての知識を生かして、料理教室の先生になることができるでしょう。料理の先生になるには、既存のクッキングスクールに就職する方法や、自分で料理教室を開く方法などがあります。人に教えるためには、豊富な知識はもちろん、高いコミュニケーション能力や、わかりやすく教える指導力などが求められます。

職業

②飲食店の調理スタッフ

野菜ソムリエの勉強を積むことで、野菜や果物の目利きができるようになり、素材に合わせた調理方法も習得できるので、飲食店の調理スタッフとして力を発揮することができます。

近年はヘルシー志向が強まっており、野菜の栄養素の知識を生かしたメニューの提案もできるはずです。

資格

食生活アドバイザー®

食生活について幅広い知識が得られる

一般社団法人ＦＬＡネットワーク協会が認定する民間資格です。検定に出題されるテーマは「栄養と健康」「食文化と食習慣」「食品学（食品の分類や栄養表示・アレルギー表示・加工食品の表示の読み方など）」「衛生管理」「食品市場に関する知識」「食に関する法律・税金・経済等の知識」など。資格を取得することにより、食に関して幅広い知識を身につけることができます。

食生活アドバイザーの検定には2級と3級があり、試験は年に2回実施されています。

独学でも受検できますが、通信講座を受けるほうが効率的。いきなり2級に挑戦することもできます。

職業

①食育指導員

栄養・衛生・食文化・テーブルマナーなど、食に関するさまざまな知識を生かして、保育園や幼稚園、学校などの教育現場で「食育」の指導を行なうことができます。

職業

②スーパーマーケットのスタッフなど

食生活アドバイザーの資格は、飲食店や医療・介護・福祉施設などにおいて、健康的なメニューの提案などを行なうのに役立つでしょう。あるいはスーパーマーケットなど食料品の販売店においても、食に関する豊富な知識を接客や店づくりなどに生かせるはずです。

取得したことで必ずしも専門職に就けるとは限りませんが、食に関する仕事を目指す方のスキルアップに役立つ資格だと言えます。

資格

クリンネスト®

お掃除のプロフェッショナル

NPO法人ハウスキーピング協会が認定する民間資格です。

クリンネストとは、クリンネス（清浄）とスペシャリスト（専門家）とを掛け合わせた造語であり、2級と1級が設定されています。

2級は家庭内での掃除のスキルを高めるもので、掃除の頻度、掃除をする際の動線、洗剤、道具、掃除プランなどについて学ぶことができます。

2級講座を修了した人は、1級講座を受けることができます。1級を取得すると、掃除に関する高度な技術や考え方をマスターしたプロフェッショナルとして認定され、「クリンネスト」という肩書を看板や名刺に掲載できます。

職業

①ハウスクリーニング

一般の住居や空家などの掃除を行なうサービス業のことです。家事代行でも家の掃除をしますが、ハウスクリーニングは掃除に特化した、より専門的な仕事内容となっています。

具体例としては、部屋の掃除に加えて、エアコンのフィルターの掃除、フロアのワックスがけ、排水口の洗浄、カビ取り、キズのコーティングなどがあります。

職業

②クリンネスト2級認定講師

クリンネスト1級を取得し、実務経験を積んだうえで、認定講師試験に合格することで、クリンネスト2級認定講師になることができます。これは、クリンネスト2級講座を教えることができる資格です。このように、クリンネストの資格にはステップアップの仕組みが整えられています。

資格

ねこ検定

ねこを理解し、ねこと幸せに暮らすために

ねこ検定実行委員会が主催する民間資格です。ねこ愛好家のために、ねこと過ごす時間をより豊かにしていくことを目的としてつくられた資格だと言えます。

初級・中級・上級があり、初級は「ねこにストレスを与えずに一緒に過ごすための知識」を、中級は「ねこの一生に責任を持ち、お互いに幸せに過ごせる知識」を、上級は「ねこの行動・気持ちを理解し、医療にも精通する知識」を習得します。ねこに関する仕事を目指す場合は、上級まで取得する必要があるでしょう。

ねこ検定は、会場検定とオンライン検定が用意されています。

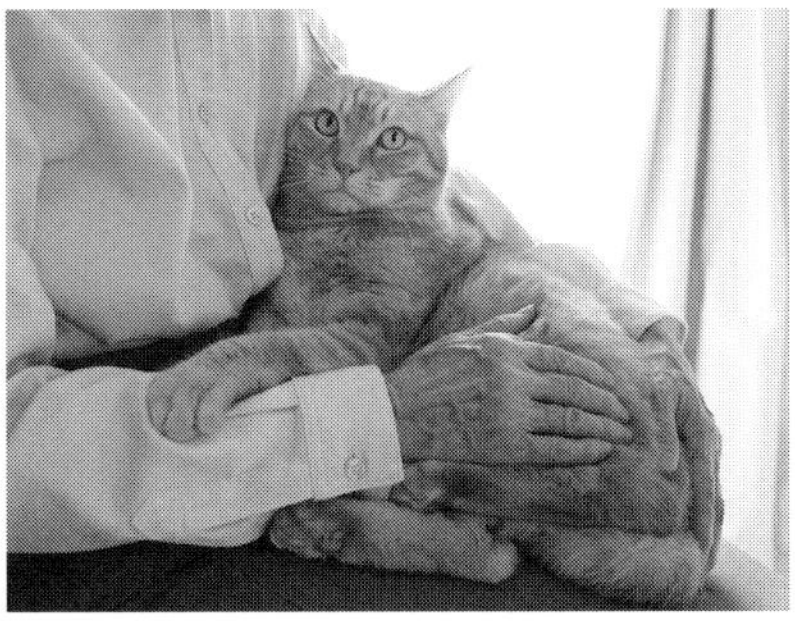

職業

①猫カフェのスタッフ

猫とふれ合いながら食事などが楽しめる猫カフェのスタッフとして働く際に、ねこ検定の知識を生かすことができるでしょう。

猫カフェでは、カフェとしての仕事に加えて、お客に出す食べ物を猫が食べないように気をつけたり、猫が吐いた毛玉を掃除したり、猫の体調管理を行なったり、ブラッシングや爪切りなど、さまざまな猫の世話を行なうことになります。

職業

②ペットショップのスタッフ

お店で販売している動物たちの管理、ディスプレイの清掃、グルーミングなどを行ないます。ペットフード協会によれば、ねこの推定飼育数は約907万匹（犬は約684万匹）であり、ペットとして高い人気を維持していると言えます。

【監修者紹介】

金澤美冬（かなざわ・みふゆ）

シニアライフキャリアコンサルタント。プロティアン株式会社代表取締役。「おじさんLCC」主宰。おじさん未来研究所理事長。
2004年、早稲田大学政治経済学部を卒業後、三菱倉庫株式会社に入社。2010年よりキャリアコンサルタントとして活動を開始。2018年にプロティアン株式会社（旧・株式会社EDUCI）を設立。定年前の準備や定年後のセカンドキャリア支援のための「おじさんLCC（ライフキャリアコミュニティ）」には女性の入会者も多く、男女を問わずシニア全般に向けたキャリアセミナーやライフプランセミナーなどを開催・運営している。
著書に『おじさんの定年前の準備、定年後のスタート』（総合法令出版）、監修書に『定年後でも困らない！誰でも稼げる小さな仕事』（宝島社）がある。

〈参考文献〉

『おじさんの定年前の準備、定年後のスタート』金澤美冬（総合法令出版）
『定年後でも困らない！誰でも稼げる小さな仕事』監修：金澤美冬（宝島社）
『70歳からの人生を豊かにする お金の新常識』畠中雅子（高橋書店）

装幀・本文組版◉朝田春未
装画・本文写真◉ PIXTA
本文イラスト◉杉山美奈子
編集協力◉森末祐二

活躍できる仕事が見つかる!
今からでも遅くない！ 70歳からのハローワーク

2024年6月13日　第1版第1刷発行

監修者　金澤美冬
発行者　村上雅基
発行所　株式会社PHP研究所
　　　　京都本部　〒601-8411 京都市南区西九条北ノ内町11
　　　　〔内容のお問い合わせは〕暮らしデザイン出版部 ☎075-681-8732
　　　　〔購入のお問い合わせは〕普及グループ ☎075-681-8818
印刷所　図書印刷株式会社

ISBN978-4-569-85733-6